Osc

di Davide Cassani

nella collezione Oscar
Quelli che pedalano

nella collezione Ingrandimenti
Pantani (con Pier Bergonzi e Ivan Zazzaroni)
Vai, Pantani! - libro e DVD (con Pier Bergonzi e Ivan Zazzaroni)

DAVIDE CASSANI

QUELLI CHE PEDALANO

OSCAR MONDADORI

I edizione Come*fare* maggio 2009
I edizione Oscar varia aprile 2010

ISBN 978-88-04-59870-1

Questo volume è stato stampato
presso Mondadori Printing S.p.A.
Stabilimento NSM - Cles (TN)
Stampato in Italia. Printed in Italy

Anno 2012 - Ristampa 3 4 5 6 7

Le fotografie dell'inserto sono di Efrem Raimondi

Indice

Quelli che pedalano

Introduzione

Perché in bicicletta

Le donne la chiamano "prova costume", per gli sportivi il concetto può essere considerato analogo, ma a me piace più pensarlo come uno "stato di benessere". L'attività sportiva può portare facilmente a condizioni fisiche eccellenti e una pratica regolare è quantomai indicata. E non solo per fare bella figura in spiaggia.

Tante volte, poi, basta guardarli: chi fa sport, al di là del fisico migliore, è generalmente più sereno. Ha una marcia in più perché lo sport non fa bene solo al fisico. Rilassa e stimola la mente. Cosa chiedere di più? E certo non lo scopriamo oggi.

E allora perché non partire subito?

Il problema, spesso, è proprio nel cominciare. O nel ricominciare.

Che siate all'inizio o abbiate già avuto esperienze di un'attività fisica importante, il problema è proprio nel cominciare a muoversi.

Bisogna mettere in conto un cambio di abitudini che pian piano si sono radicate. Se avete un passato di atleta poi, per certi versi potrebbe essere anche più dura. Il rischio è di trovarvi a fare subito confronti impietosi con lo stato fisico di diversi anni prima e demoralizzarvi. Ma in questo caso non dovete guardare a com'eravate... bensì a quello che state riuscendo a fare ora, che di mezzo ci sono, magari, anche il lavoro e la famiglia. Oltre a qualche anno in più.

Vedremo più avanti come sarà molto importante anche lavorare su obiettivi precisi. E questo a prescindere dal tipo di impegno che vorrete dedicare alla bicicletta.

Ma andare in bicicletta, vedrete, è soprattutto divertimento. Non importa che incominciate con la vecchia bici trovata in cantina, oppure con un mezzo più al passo con i tempi (e senz'altro più costoso). La sensazione di benessere che si ha dal fare attività fisica arriva da subito. Occorre iniziare bene, certo, ma io vedo che chi sa cosa deve fare, e anche cosa aspettarsi dal proprio fisico, reagisce bene già dalle prime uscite. Quelle che, inevitabilmente, sono piuttosto faticose.

La bicicletta, a differenza di altri sport, offre la possibilità di variare di continuo l'esercizio fisico e l'ambiente circostante. Difficilmente vi annoierete. Quando mi trovavo a fare percorsi ripetitivi per seguire una tabella di allenamento, mi bastava variare qualche strada per trasformare un percorso conosciuto in una strada completamente nuova. La bicicletta può diventare ogni giorno un motivo di scoperta.

Solo una cosa importantissima richiede la bicicletta: la costanza. Non spaventatevi, non si tratta di fare chissà quali fatiche, ma solo di prevedere un'attività fisica regolare. Ci potranno essere periodi di pausa per lavoro o altre necessità, ma l'importante è non mollare del tutto per lunghi periodi.

Chi mi vede oggi dice che sono in forma come quando ero professionista. Ho qualche anno in più e non faccio certo i chilometri che accumulavo una volta, però mi tengo sempre in movimento non fermandomi mai per lunghi periodi. Se proprio non posso andare in bici vado a correre a piedi. Ma si possono anche fare i rulli, c'è lo spinning, e così via.

Anche quando si è fatta tantissima attività sportiva nel passato, smettere completamente è sempre controproducente. Pensate che io in bici ho percorso settecentomila chilometri, non pochi. Eppure, se mi fermassi per qualche anno mi troverei ad affrontare tutti i problemi della vita sedentaria. Come se non avessi mai fatto niente.

Salire in sella, poi, è alla portata di chiunque. Conosco parecchi ciclisti che si sono trovati in sella quasi per caso. L'attività ciclistica spesso è consigliata per chi ha avuto problemi muscolari o di legamenti. Il movimento dolce, lineare e senza traumi sul terreno può essere un modo ideale per recuperare incidenti subiti, ad esempio, giocando a calcio. Con il risultato che tante volte si scopre che la bici è anche più divertente di una partita. E si resta in sella.

Ovviamente la bicicletta va anche rispettata. Farsi prendere dall'entusiasmo, soprattutto all'inizio, può essere deleterio e portare a fare sforzi per i quali non si è pronti. Il corpo umano aiuta molto in questo senso, perché ci dà dei segnali che possiamo interpretare in maniera chiara, e seguire poche e importanti regole può farci raggiungere risultati anche notevoli. Vedrete che in breve tempo dalla bicicletta non vorrete più scendere.

Una regola piacevole: gradualità

Conoscendo tantissime persone, grazie al mio lavoro, mi sento spesso rivolgere domande sull'allenamento e sulla bicicletta. Con questo libro voglio cogliere l'occasione di dare risposte a molti quesiti e di chiarire alcuni concetti. Vedrete che "seguire un programma di allenamento" non significa necessariamente fare chissà quali sacrifici. Vuol dire, semplicemente, svolgere un'attività commisurata alle proprie capacità, e al tempo che si ha a disposizione. E un programma di allenamento serve anche a evitare la monotonia. Avrete degli obiettivi da raggiungere, piccoli obiettivi che vi porteranno a traguardi più grandi. Tutti adeguati alle possibilità di ciascuno.

Vedrete che già in poche settimane la vostra forma fisica potrà migliorare sensibilmente. E le sensazioni che ne trarrete contribuiranno a farvi sentire bene anche quando scendete di sella.

La bicicletta, se viene affrontata in modo corretto, è puro divertimento. E vi farà affrontare con determinazione anche le fasi più faticose dell'allenamento. Come capitava a me. E pensare che il ciclista, io l'ho fatto anche per mestiere...

I

Cosa sapere

Capitolo 1

La scelta dell'equipaggiamento

Il primo passo in un programma di allenamento è quello di scegliere l'equipaggiamento giusto. È importante acquistare un'attrezzatura che garantisca comfort, sicurezza e buone prestazioni. Le vostre necessità variano a seconda degli obiettivi di fitness e di allenamento. Sul mercato avete a disposizione una gamma praticamente illimitata di attrezzatura, e questo potrebbe confondervi ma, una volta appresi i requisiti di base, potrete scegliere senza problemi l'equipaggiamento che fa per voi. Questo capitolo vi aiuta a fare le scelte giuste.

Tipi di biciclette

Chi entra in un negozio di bici, a volte, può uscirne frastornato e, anziché essersi chiarito le idee, potrebbe averle ulteriormente confuse. Perché una bici può costare qualche centinaio di euro a fronte di altre che ne costano parecchie migliaia? Le biciclette possono essere molto diverse tra loro per prestazioni e caratteristiche, così come possono esserlo automobili o motociclette di diversa cilindrata. Non confonderete mai uno scooter con una moto da enduro. Tra le bici, vedrete, funziona quasi allo stesso modo.

Per capire come spendere al meglio i soldi, allora, è importante decidere, o almeno avere un'idea, di ciò che volete fare con la vostra bici.

Per esempio, se avete intenzione di andare in bicicletta sempre su strade asfaltate, è meglio acquistare una bici da strada con gomme strette e lisce, che attenuano la resistenza e l'attrito sul terreno, e con un telaio leggero, che diminuendo il peso, rende più leggera anche la pedalata. Al contrario, se la vostra passione è la pedalata fuoristrada, allora è meglio optare per una mountain bike con un telaio più robusto e le gomme più grosse e tassellate, che fanno presa sul terreno aumentando la trazione. Se amate pedalare in campagna e avete intenzione di portarvi un cambio di indumenti, la tenda o altri tipi di equipaggiamento, scegliete una bici da turismo, attrezzata con portapacchi. Se, invece, non avete ancora le idee chiare sull'uso che volete farne, potete pensare a una bicicletta a metà strada tra queste diverse tipologie. Una bici adatta sia allo sport sia al semplice divertimento è una scelta intelligente. È sufficientemente leggera per essere usata per divertirsi e fare sport ma è anche predisposta all'installazione di portapacchi e parafanghi per le lunghe escursioni turistiche. Se siete un esigente e appassionato corridore su strada o un atleta di triathlon, la scelta ideale sarà una vera bici da corsa predisposta per quel tipo di competizioni.

Le bici ibride o da ciclocross consentono di pedalare in maniera confortevole, per svago o in gara, sia su strada sia su terreni sterrati. Forse vi sarà capitato di vedere foto di ciclisti ricoperti di fango che corrono con le bici sulle spalle: molto probabilmente stanno partecipando a una gara di ciclocross. Le bici ibride hanno gomme più larghe che danno una maggiore stabilità e permettono una posizione più comoda rispetto alle bici da strada e alle mountain bike. Sono ideali per pedalare su semplici strade asfaltate, e in città sono facili da manovrare nel traffico, adatte anche a un abbigliamento casual e non specifico.

Bici da strada

Le bici da strada, leggere e aerodinamiche, sono realizzate per pedalare ad alta velocità sull'asfalto. Sono progettate soprattutto per ciclisti che vogliono pedalare più velocemente e più a lungo possibile, facendo un intenso esercizio aerobico. Tuttavia, potete fare un buon esercizio fisico anche su qualsiasi altro tipo di bicicletta.

Solitamente le bici da strada hanno pneumatici lisci e stretti, un manubrio standard con le classiche corna rivolte all'ingiù, un cambio che può avere fino a 22 rapporti e la sella stretta e rigida. Le dimensioni dei pneumatici sono date dal diametro della ruota (due volte la misura del raggio, ovvero dal centro del mozzo fino all'esterno della gomma) e dall'ampiezza del pneumatico nel suo punto più largo (per esempio 68,6 cm x 3,18 cm). Il diametro comune per i pneumatici delle bici da strada è di 66,04 cm (650 c) e di 68,6 cm (700 c), dove "c" è un sistema di misura francese e non corrisponde a un'esatta unità di misura. La larghezza dei pneumatici varia da 18 a 32 mm.

Il fatto che il modo in cui si misurano i pneumatici, i cerchi, le ruote, le camere d'aria della bicicletta sia cambiato nel corso degli anni potrebbe confondervi un po' le idee. Tutte queste differenze e queste misure potrebbero rivelarsi essenziali quando preparate il vostro kit da mettere nella borsetta sotto la sella, che deve contenere gli attrezzi e i ricambi necessari per cavarsela in caso di foratura o di guasto meccanico. Per essere sicuri che questi accessori siano compatibili con la vostra bicicletta, chiedete al negoziante di fiducia.

Le bici da strada hanno, come dicevamo, un cambio con molti rapporti. A seconda che la vostra bicicletta abbia una doppia o tripla corona anteriore – cioè due o tre corone collegate ai pedali –, i rapporti varieranno da 14 fino a più di 30. Anche se può sembrare un numero eccessivo, fidatevi, tutti questi rapporti prima o poi si riveleranno utili. Quando correvo da ragazzino c'era il pacco pignoni per la pianura, quello per la salita... Ora con una sola serie di ingranaggi si riesce a coprire praticamente qualsiasi esigenza. E non c'è più bisogno di stare a smontare la bici prima di un appuntamento importante. Inoltre, un assortimento completo di rapporti vi permetterà di pedalare agili in salita ma anche di andare veloci in discesa, senza che i pedali girino a vuoto.

Un'altra perplessità potrebbe riguardare la sella. Così sottili, i modelli da corsa rischiano di apparire scomodi, quando ci salite invece, vi rendete conto che non lo sono affatto. La sella deve essere sottile per lasciare libertà di movimento alle gambe: la zona di appoggio vi sosterrà adeguatamente, anche meglio di una sella da passeggio, all'apparenza più confortevole per la maggiore larghezza e imbottitura. Ma dipende dal tipo di utilizzo. La posizione più eretta del busto, che si tiene sulle bici meno corsaiole, sposta di parecchio indietro il peso, perciò la sella deve essere adeguata. Tuttavia per i tragitti più lunghi la sella più sottile è senz'altro consigliabile.

Negli ultimi quindici anni la tecnologia di produzione dei telai per biciclette si è evoluta tantissimo. Materiali e geometrie ne hanno fatto una struttura completamente diversa dalle precedenti. Progettare un telaio non è solo un'arte, ma è prima di tutto una scienza. Oggi chi progetta i telai applica, nel design di nuovi modelli e nella scelta dei materiali, le stesse tecniche che si adottano nella progettazione aerospaziale. I telai, infatti, possono essere costruiti in fibra di carbonio, alluminio, magnesio, titanio, acciaio, o con una soluzione mista di un metallo con l'aggiunta di parti in carbonio. Grazie a tutti questi materiali, i telai e le biciclette moderne sono diventati così leggeri che i corridori professionisti, in qualche caso, si sono trovati a dover appesantire i loro mezzi per raggiungere il peso minimo della bicicletta (6,8 kg) imposto dall'Unione Ciclistica Internazionale (UCI) nelle competizioni ufficiali. I telai più leggeri presenti sul mercato sono costruiti in carbonio e in alluminio. I telai in titanio e acciaio leggero sono lievemente più pesanti ma molto robusti e duraturi (soprattutto il titanio). Inoltre le caratteristiche meccaniche di questi materiali assicurano un buon assorbimento delle vibrazioni che si traduce in un ottimo livello di comfort durante la pedalata.

Spesso le differenze di peso non sono avvertibili da ciclisti non esperti, soprattutto se si parla di pochi grammi. Notevole può essere, invece, la differenza di prezzo dei diversi materiali.

Quando acquistate un equipaggiamento da ciclista guardando al risparmio di peso tenete a mente una buona regola generale: se il costo extra è superiore a un euro per grammo (in meno), non vale la pena spendere di più per diminuire ancora il peso della bicicletta. I modelli base partono da circa 900 euro.

Nella scelta della bicicletta vi consiglio di puntare, innanzi tutto, ad avere un buon telaio. Questo sarà alla base delle caratteristiche della vostra bicicletta: una buona struttura vi darà garanzie anche in termini di sicurezza. La componentistica disponibile sul mercato oggi è comunque di buon livello, anche nei prodotti "entry level". In seguito, poi, l'aggiornamento dei componenti potrà essere fatto anche un po' per volta, limitando la spesa.

Bici da turismo

Le bici da turismo, solitamente, hanno un telaio costruito con tubi più pesanti e con una geometria che prevede una posizione in sella più rilassata rispetto alle bici da corsa (per esempio, l'angolazione del tubo anteriore e quella del tubo piantone è meno accentuata e più verticale). Sono inoltre fornite di occhielli e attacchi posti in vari punti utili per fissare i parafanghi e i portapacchi, in modo da potervi alloggiare i bagagli. Le bici da turismo sono provviste di diversi rapporti – di solito da 24 a 30 – per pedalare su tutti i tipi di strade anche senza essere troppo allenati e portando magari del bagaglio extra. Tutto ciò rende le bici da turismo più pesanti delle bici da strada. Questi tipi di bici in genere hanno ruote da 68,6 cm (700 c) come le bici da strada, ma sono normalmente dotate di pneumatici più larghi e spessi, da 28 a 35 mm. La maggiore larghezza dei pneumatici rende le biciclette adatte anche a fondi più irregolari e permette di trasportare carichi più pesanti. La geometria rilassata e i pneumatici più larghi aumentano l'assorbimento degli urti e delle sconnessioni della strada, e di conseguenza il comfort di chi pedala. Sul mercato ci sono tantissime possibilità di scelta, i modelli base partono da 350 euro. Qualcosa si può trovare anche a meno, ma occorre sempre valutare il tipo di impegno che vi prefiggete, per avere comunque un mezzo adeguato.

Bici sportive

Le bici sportive sono versatili, quindi si rivelano una buona scelta per i principianti. Sono a metà strada tra una vera bici da corsa e una bici da turismo. Sono ideali per i ciclisti che fanno perlopiù lunghe passeggiate a un buon ritmo e che talvolta vogliono avventurarsi in escursioni più lunghe o addirittura nelle corse non competitive. Queste biciclette hanno una varietà di rapporti superiore alle bici da corsa e sono comunque predisposte per l'installazione di un portapacchi per le escursioni turistiche. Possono essere competitive anche nelle gare non troppo impegnative perché sono generalmente più leggere delle bici da turismo. Offrono un comfort maggiore delle bici da corsa perché il ciclista è seduto con il busto in posizione più verticale e i pneumatici più ampi assorbono meglio le sconnessioni del manto stradale. Come per le bici da turismo e da corsa, le bici da svago sportivo hanno solitamente ruote di 68,6 cm (700 c), mentre i pneumatici variano da 23 a 28 mm. I modelli base partono da circa 350 euro.

Mountain bike

Se preferite pedalare sui sentieri di terra battuta o fangosi e su fondi molto irregolari, allora vi serve una mountain bike. Queste biciclette sono progettate specificamente per il fuoristrada, e per questo sono dotate di telaio e componentistica molto robusti e predisposti per essere maltrattati. I pneumatici larghi e tassellati offrono più trazione sui terreni cedevoli o scivolosi e ammortizzano meglio le buche e gli ostacoli tipici di un sentiero nel bosco rispetto alle coperture più sottili delle bici da strada.

Il manubrio con profilo più alto, largo e dritto, permette al ciclista di assumere una postura più eretta che consente un controllo migliore del mezzo nella guida su fondi difficili. Questa posizione sposta il peso del ciclista verso la ruota posteriore, dandogli più trazione quando pedala sui terreni fangosi o smossi.

A differenza dei pneumatici da strada, che si misurano sia secondo il sistema inglese sia secondo quello metrico, i pneumatici delle mountain bike si misurano principalmente in pollici. La ragione è data con molta probabilità dal fatto che questo tipo di bicicletta è nato negli Stati Uniti. Il diametro delle ruote è solitamente di 26 pollici (da qualche anno iniziano a diffondersi anche le ruote da 29 pollici), mentre la larghezza del pneumatico può variare da 1,90 a 2,5 pollici. Dal momento che queste biciclette si trovano spesso ad affrontare superfici ripide e scoscese, hanno in genere una tripla corona anteriore con almeno altri 7 o 9 pignoni posteriori, per un totale di rapporti che variano da 21 fino a 27. Le mountain bike sono dotate di forcella ammortizzata (con rarissime eccezioni) e, spesso, anche di sospensione sul carro posteriore a seconda del tipo di utilizzo cui sono destinate.

Sebbene le mountain bike possano essere usate su strada, sull'asfalto sono molto meno scorrevoli e molto più lente per via delle ruote più piccole di diametro e più grosse di larghezza, oltre che per la maggiore resistenza all'aria e per il peso. I prezzi più o meno partono da circa 400 euro.

Bici ibride e da ciclocross

Le bici ibride e le biciclette da ciclocross sono adatte a diversi tipi di terreno perché permettono una migliore versatilità rispetto a una mountain bike che, nella configurazione standard, è pensata per fondi molto sconnessi.

Questi modelli di bicicletta hanno ruote da 28 pollici e permettono di affrontare con disinvoltura sia i fondi asfaltati sia quelli in terra battuta ma senza troppe insidie.

Le bici ibride sono ideali per il ciclismo non agonistico che si pratica principalmente su un terreno asfaltato, con qualche escursione occasionale sul terreno sterrato. Sono una buona scelta anche per chi si sente a disagio sulla bici da strada ma non vuole passare alle ruote basse e grosse delle mountain bike. Le bici da ciclocross sono un po' più intransigenti e adatte soprattutto a percorsi che comprendono sezioni su strada e fuoristrada, con ostacoli che i corridori devono superare scendendo dalla bici e portandola in spalla. In ogni caso, queste biciclette sono sempre più apprezzate per i percorsi più svariati: molti stanno scoprendo che pedalare su diversi tipi di terreno può essere molto divertente.

Le bici ibride e da ciclocross sono dotate di sistemi a 18, 20 o 22 velocità. Sono disponibili anche modelli con ruote da 26 pollici (600 c). A volte sono fornite di selle ammortizzate in grado di assorbire gli urti. Le bici ibride con manubrio di tipo flat, simile alle mountain bike, possono essere dotate di appendici che permettono di diversificare l'appoggio delle mani mantenendo una posizione del busto piuttosto eretta. Le bici da ciclocross hanno il manubrio della stessa forma dei modelli da corsa tradizionali e sono solitamente più leggere delle bici ibride.

I prezzi delle bici ibride partono da circa 400 euro, mentre quelli per le bici da ciclocross partono da circa 700 euro.

Tra le biciclette ibride, tuttavia, si possono inserire

anche le mountain bike opportunamente adattate. È una possibilità che considero molto interessante, poiché con una bicicletta di questo tipo si affrontano i percorsi fuoristrada più impegnativi, ma la si può anche dotare di ruote simili ai modelli da corsa, quindi più leggere e in grado di soddisfare differenti tipi di utilizzo. Una bici così allestita, poi, permetterà di svolgere, in inverno, un'attività diversa che concede al fisico, e alla mente, di scaricarsi dei tanti chilometri accumulati durante la stagione.

Bici da cronometro

Qui ci si addentra in un campo davvero particolare. Le bici da cronometro sono progettate per prove speciali in cui i ciclisti, cronometrati singolarmente, non partono tutti insieme ma a intervalli regolari. Bici di questo tipo si utilizzano anche per le cronometro a squadre oppure per alcune gare di triathlon.

Sono progettate con l'obiettivo di ottenere la massima velocità anche a scapito del comfort. La posizione ideale su queste biciclette è con il busto parallelo al terreno o comunque più basso possibile, ma non tutti i corridori riescono a raggiungerla mantenendo l'efficienza della pedalata. Questa scomoda posizione, ovviamente, non è adatta per le prove più lunghe. La bici da cronometro viene utilizzata solo per gare specifiche il cui regolamento permette anche l'impiego di prolunghe speciali sul manubrio.

Chi fa ciclismo e possiede una bici da cronometro la considera una seconda bici da usare per allenamenti specifici e, appunto, nelle prove a cronometro o nel triathlon.

Queste biciclette hanno da 20 a 22 rapporti e solitamente hanno ruote da 28 pollici, con pneumatici lisci, stretti e aerodinamici montati su ruote a razze o a disco (lenticolari). I manubri hanno una linea filante, con i comandi del cambio riportati anche sulle appendici per non perdere la posizione aerodinamica quando si cambia rapporto. Queste appendici speciali offrono al ciclista anche i due appoggi per le braccia per potersi allungare in posizione aerodinamica sul manubrio. Ciò consente di abbassare la testa e il busto e aiuta a fendere l'aria. La posizione bassa e allungata non è confortevole nei lunghi tragitti, ma è adatta per pedalare molto velocemente poiché si riduce la superficie frontale e, pertanto, la resistenza dell'aria.

Sarebbe meglio aspettare prima di acquistare una bici di questo genere, a meno che non vogliate sfidare subito il cronometro. I prezzi partono da circa 1000 euro.

La bicicletta e le sue parti

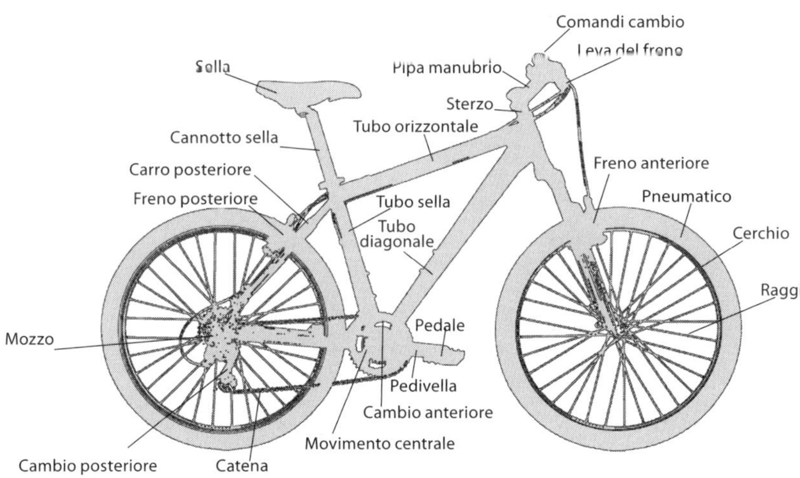

Equipaggiamento

Per pedalare con maggiore sicurezza e comfort è necessario avere l'equipaggiamento più adatto. Sceglierlo, tuttavia, non è così semplice: sia i ciclisti più esperti sia i principianti possono confondersi di fronte ai tanti tipi e alle diverse marche. Nelle pagine seguenti troverete alcune informazioni che vi aiuteranno a scegliere le migliori soluzioni per i vostri bisogni specifici, tenendo presente anche il vostro budget.

Pneumatici

Sono sottili, sì, ma non spaventatevi. Anche se la prima impressione è di instabilità, le gomme delle biciclette sono progettate proprio per garantire sia la massima tenuta, sia la migliore scorrevolezza.

Sulla bicicletta si possono montare due tipi di gomme: i copertoncini oppure i tubolari (che qualcuno chiama anche "palmer"). I primi sono delle gomme classiche che prevedono il montaggio a incastro sul cerchio (così come le gomme di un'automobile) con una camera d'aria interna. I secondi, invece, prevedono una struttura unica (a tubo, appunto) dove la parte esterna della gomma è chiusa e contiene all'interno la camera d'aria. Il montaggio sul cerchio non avviene a incastro ma semplicemente incollando il tubolare nella gola del cerchione tramite un apposito mastice.

Se cerchiamo la praticità e non vogliamo spendere troppo conviene che la bicicletta sia montata con i copertoncini piuttosto che con i tubolari. Un copertoncino dura di più perché in caso di foratura basta sostituire la camera d'aria interna per avere la gomma come nuova. Un tubolare, invece, è difficile da riparare, e comunque, dopo, non darà la stessa affidabilità di un tubolare nuovo. Inoltre, se si sostituisce un tubolare mentre si è fuori in bici, bisogna proseguire con cautela finché non si provvederà ad applicare del nuovo mastice.

A favore dei tubolari c'è la leggerezza e l'elasticità. Essendo un corridore vecchia maniera, io preferisco questo tipo di gomme che prevedono, ovviamente, un cerchio diverso rispetto a quello utilizzato per i copertoncini.

I tubolari devono essere montati con attenzione e ci vuole un po' di pratica. Non spaventatevi se le prime volte pasticcerete un po'. Io, per fortuna, ho sempre avuto a disposizione meccanici bravi e non mi è mai capitato che un tubolare si scollasse. Il rischio è di ritrovarsi in terra, quando meno ce lo si aspetta, con il pericolo davvero di farsi male. In gruppo con altri ciclisti, poi, la cosa può essere ancora più pericolosa.

I copertoncini sono meno costosi dei tubolari ed è possibile sostituire con facilità la camera d'aria interna quando si verifica una foratura. Ci sono diversi modelli di copertoncini e la scelta dipenderà dal tipo di escursioni che avete intenzione di fare. Per l'allenamento, potrebbe essere meglio un battistrada largo e spesso, per favorire la trazione e prevenire lo sgonfiamento dei pneumatici. Per le corse, invece, è preferibile optare per i battistrada più lisci, leggeri e stretti, in modo da aumentare la velocità e l'aerodinamica. Le camere d'aria interne hanno materiali, peso e rischi di foratura diversi. Se non siete sicuri di che tipo di copertoncini e camere d'aria acquistare, spiegate le vostre esigenze al negoziante di fiducia. Un set di copertoncini comprensivi di camere d'aria può costare da 35 a 120 euro. Le mountain bike sono un caso a se stante perché possono essere montate sia con i copertoncini sia con le coperture "tubeless". Si tratta di una soluzione analoga a quelle già adottate per le automobili e le motociclette. Con una copertura tubeless diminuisce il rischio di foratura, e qualora si verifichi, la perdita di pressione è comunque più lenta. Il pneumatico aderisce perfettamente al cerchio evitando la fuoriuscita dell'aria e non c'è pericolo di pizzicare la camera d'aria tra il cerchio e il terreno. Inoltre, nella mountain bike, le coperture tubeless permettono il gonfiaggio a pressioni minori a tutto vantaggio della trazione e della riduzione del rischio di forature.

Anche le biciclette da corsa si stanno avvicinando ai sistemi tubeless. In questo caso il vantaggio più apprezzabile, oltre che in termini di sicurezza, è nella migliore scorrevolezza poiché non si generano attriti tra copertura e camera d'aria che assorbono energia aumentando la resistenza al rotolamento. Per montare un sistema tubeless è necessario che il cerchio sia predisposto per questo tipo di copertura.

Nelle mountain bike il pneumatico può contenere una schiuma sigillante capace di bloccare la fuoriuscita dell'aria nel caso di piccole forature.

Casco

Una volta era obbligatorio, in corsa, solo nelle categorie giovanili. Noi professionisti non lo mettevamo quasi mai, ma potrei raccontarvi di esperienze tragiche. I caschi a calotta erano pesanti e caldissimi d'estate, e indossarli si traduceva spesso in una sofferenza. Oggi le cose sono cambiate, per fortuna: i modelli sono leggerissimi e con prese d'aria tali che sembra quasi di non averli. Indossare il casco è consigliabile sempre perché riduce il rischio di ferite gravi e traumi alla testa. Spendere del denaro per un casco di alta qualità è un investimento per la vostra vita e il vostro futuro.

Un buon modello durerà anni, se è usato in maniera corretta e non subisce urti gravi. Se avete un incidente e il casco resta danneggiato, è necessario sostituirlo. I negozi di biciclette o di articoli sportivi offrono un'ampia scelta a vari prezzi, ma aspettatevi di pagare almeno 40 euro.

Assicuratevi che il casco aderisca perfettamente alla testa in modo da rimanere ben saldo in caso di incidente. Prima dell'acquisto è bene provarne diverse taglie e tipologie. L'imbottitura e le cinghie interne possono essere regolate per ottenere una calzata ottimale; eventualmente chiedete spiegazioni nei negozi specializzati per poter sfruttare al meglio il casco che scegliete. E non avrete problemi a soddisfare anche i vostri gusti estetici vista la varietà dell'offerta disponibile.

L'utilizzo del casco è obbligatorio nelle competizioni ufficiali (e deve essere un modello omologato secondo le normative vigenti), ma vi consiglio di indossarlo regolarmente anche durante gli allenamenti e le passeggiate. La sicurezza non deve mai essere messa in secondo piano, e una caduta banale può capitare ovunque.

Pedali e scarpini

I pedali e gli scarpini da ciclismo sono importanti perché vi tengono uniti alla vostra bicicletta. Per una buona maneggevolezza e un efficiente trasferimento della potenza dalle gambe alla bicicletta è necessario che il piede e il pedale siano a stretto contatto. Le scarpe e i ganci che sceglierete dovranno tener conto del tipo di percorsi che intendete affrontare e del tipo di pedali della vostra bicicletta.

I ciclisti con un po' più di... esperienza, come me, hanno iniziato a correre in bici con i pedali a gabbietta.

Lo scarpino si infilava nel puntapiede fissato al pedale e un cinturino bloccava il tutto. Efficace, ma anche pericoloso in determinate situazioni. Ormai nessun ciclista di un certo livello utilizza più il vecchio sistema, prediligendo pedali a sgancio rapido che si trovano a partire da 50 euro circa.

Nei sistemi di pedali a sgancio rapido non ci sono né gabbiette né cinghietti e il piede è assicurato al pedale con un attacco automatico. In questo sistema la suola si fissa sul pedale tramite una speciale tacchetta e si sblocca torcendo la caviglia di lato. Alcuni di questi pedali tengono il piede in posizione ferma; altri, invece, consentono una certa libertà angolare per proteggere le ginocchia da eventuali danni. Qualsiasi tipo di pedali scegliate, dovrete avere le tacchette corrispondenti da fissare alla suola (solitamente le tacchette vengono fornite assieme ai pedali), che possono essere sostituite e regolate per assicurare il posizionamento ideale del piede sul pedale.

Ci sono diversi sistemi di pedali a sgancio rapido, ma si possono comunque suddividere in due categorie principali: quelli per le bici da strada e quelli per le mountain bike e per le bici da turismo.

Gli sganci rapidi per le bici da strada sono montati sulle suole degli scarpini. Queste suole sono estremamente rigide e possono essere realizzate in fibra di carbonio, titanio o materiale termoplastico; la loro rigidità contribuisce a trasmettere con efficacia l'energia dalla gamba ai pedali. Scarpini e tacchette sono ideali per pedalare ma risultano decisamente scomodi se si deve percorrere un tratto a piedi. Se utilizzate una bicicletta da strada questo non è un problema perché non ci sarà quasi mai necessità di camminare. I ciclisti che intendono competere nelle corse su strada o usare la bicicletta principalmente per l'allenamento dovrebbero scegliere una scarpa con un sistema di pedali e tacchette da corsa. Per un paio di queste scarpe si possono spendere da 60 a 400 euro.

Tuttavia, se avete intenzione di scendere spesso dalla bicicletta durante le escursioni, ci sono modelli di scarpe che rendono più facile camminare e correre. Turismo e fuoristrada prevedono calzature dotate di una suola adatta anche per camminare e in grado di flettersi leggermente. La tacchetta, inoltre, è più piccola e viene fissata all'interno della suola senza che dia fastidio quando si cammina.

Questi sistemi di aggancio sono spesso chiamati SPD (da Shimano Pedaling Dynamics, uno dei primi sistemi di questo tipo). Se avete in mente di fare un giro turistico o di pedalare in fuoristrada o pianificate di fare diverse soste durante la vostra escursione – magari per vedere le bellezze circostanti –, conviene optare per scarpe e pedali da turismo o da fuoristrada.

Il prezzo di questo tipo di calzature parte da 40 euro, ma può superare facilmente 100 euro.

Le calzature da fuoristrada (dette anche "da mountain bike") sembrano simili alle scarpe da trekking a collo basso. Le suole sono più robuste e flessibili di uno scarpino per il ciclismo su strada. Questa maggiore flessibilità è necessaria perché i ciclisti che pedalano in fuoristrada hanno spesso necessità di percorrere dei tratti a piedi per superare eventuali ostacoli portando la bicicletta in spalla. Le calzature da fuoristrada sono disponibili sia per i pedali standard sia per quelli con gli sganci rapidi. Queste scarpe hanno un prezzo che va da 50 a 300 euro.

Le calzature per la bicicletta sono un acquisto importante. Se l'ampia scelta a disposizione rischia di confondervi le idee, rivolgetevi a un rivenditore esperto e capace di consigliarvi, chiedendo il modello più congeniale per il tipo di pedalata che avete intenzione di fare.

Borse, attrezzi e pompe per la bicicletta

Un bravo ciclista non deve essere necessariamente un bravo meccanico, ma piccoli interventi sulla bicicletta occorre saperli fare. E dato che quando si fa ciclismo le gomme a terra sono un inconveniente abbastanza frequente e inevitabile, è meglio essere in grado di sapersela cavare da soli. Se non avete mai imparato, chiedete una dimostrazione al vostro negoziante di fiducia o a un amico. È fondamentale, poi, portare sempre con voi gli strumenti necessari in una borsetta apposita (non costerà più di 15 euro) da fissare sotto la sella.

Ecco cosa dovrebbe contenere il kit: due camere d'aria di riserva (da 5 euro in su), due cacciagomme per smontare i copertoncini (da 5 euro in su) e il necessario per la riparazione. Avrete anche bisogno di una pompa portatile (da 10 euro in su), che può essere montata direttamente sulla vostra bicicletta, o di bombolette di aria compressa (da circa 2 euro in su, cui va aggiunto il raccordo – spesa una tantum – di circa 5 euro). È consigliabile anche qualche chiave multiuso che può servire a risolvere la maggior parte dei problemi meccanici che possono capitare mentre siete in strada. Un set multiuso comprende chiavi a brugola di diverse dimensioni, cacciaviti e spesso anche un attrezzo per la riparazione della catena. Il costo totale di questa borsetta di pronto intervento potrebbe essere di circa 30 euro. Per gli attrezzi che sceglierete badate anche alla qualità. Le chiavi devono essere sufficientemente robuste per non rovinarsi nell'utilizzo. E non c'è cosa peggiore che possa capitarvi quando ne avete bisogno.

Scorte di acqua e borracce

Mentre pedalate è importante mantenere un'adeguata idratazione. Può essere utile montare sulla bicicletta anche il secondo portaborraccia (5 euro per i modelli più economici, fino a 50-60 euro per i modelli più sofisticati e leggeri). Nei portaborraccia si possono posizionare borracce apposite da mezzo litro o comuni bottigliette d'acqua, meglio se dotate di un beccuccio per bere con una mano sola.

I portaborraccia sono fatti in acciaio, alluminio, titanio, fibra di carbonio o semplice plastica. Quelli di metallo sono i più resistenti. Le borracce (da 5 euro in su) sono di diversa qualità. Scegliete quelle con un beccuccio la cui forma e la cui posizione siano tali da permettervi di bere comodamente. Nel capitolo 3 si approfondirà questo argomento.

È importante, comunque, che le bevande siano a bassa concentrazione, altrimenti potrebbero dare problemi allo stomaco.

Avete presente le prime sudate che fate durante l'anno? In quelle occasioni noterete di certo come la quantità di sali dispersi con la sudorazione è davvero grande. Spesso i sali fanno bruciare gli occhi quando entrano in contatto con il sudore. In estate ci si accorge meno di questo problema perché il fisico, ormai abituato, trattiene maggiormente i sali, che vanno comunque reintegrati, ma senza esagerare.

Ciclocomputer, cardiofrequenzimetri e misuratori di potenza

Uscendo in bicicletta anche da soli, oggi, non c'è il rischio di annoiarsi. Il ciclista dispone di una serie di strumenti che danno tante informazioni e, alla fine, fanno pure compagnia. Con tutti i dati da controllare, i chilometri passano anche prima. Non bisogna però fissarsi troppo, ma pensare a divertirsi.

I ciclocomputer, i cardiofrequenzimetri e i misuratori di potenza aiutano a controllare il carico di lavoro fisico e permettono di seguire i progressi dell'allenamento. Se avete iniziato da poco ad andare in bicicletta o siete più interessati alla salute in generale che a migliorare la vostra muscolatura specifica o a partecipare alle competizioni, questo tipo di equipaggiamento potrebbe non essere una priorità immediata. Però potrebbe divenire essenziale con l'intensificarsi del vostro allenamento. Un ciclocomputer, da posizionare sul manubrio, può misurare il tempo trascorso, la distanza, la velocità, la frequenza delle pedalate per minuto (cadenza), l'altitudine raggiunta (e la pendenza), i battiti cardiaci, il consumo energetico e il carico di lavoro fisico svolto. Queste informazioni possono essere uno strumento utile per l'allenamento e permettere di accertare in modo costante lo stato della forma fisica, come spiegheremo più avanti. I ciclocomputer più sofisticati danno molte informazioni, ma sono, ovviamente, i più costosi. I modelli più semplici in genere si aggirano intorno a 30-60 euro.

I cardiofrequenzimetri misurano l'attività del cuore e la trasmettono al ricevitore sul manubrio o al polso del ciclista. I battiti cardiaci indicano la forma fisica, la fatica e lo sforzo che si fa sulla bicicletta. Uno strumento di base, che si limita a misurare i battiti cardiaci, costa circa 50 euro. Se invece acquistate un cardiofrequenzimetro più sofisticato, collegabile al computer e capace di indicare i limiti superiori e inferiori del ritmo cardiaco ideale per l'allenamento, oltre che la velocità, la distanza, la cadenza e il tempo trascorso, potreste pagarlo da 100 a 500 euro e oltre.

Oggi molti ciclisti professionisti si allenano con i misuratori di potenza, strumenti che misurano l'energia in watt e lo sforzo in kjoule. È possibile trasferire queste informazioni a un computer per un'analisi successiva, che consenta di pianificare un programma di allenamento. Ci sono diversi misuratori di potenza più o meno sofisticati. I modelli più economici costano circa 700 euro, ma hanno un margine di errore maggiore rispetto agli strumenti più sofisticati che possono costare, però, diverse migliaia di euro. Ogni marca di misuratori di potenza utilizza un differente sistema, da quello dotato di estensimetri nelle pedivelle che misurano la deformazione dei materiali sotto la spinta del ciclista, ai modelli inseriti nel mozzo posteriore che misurano la potenza mediante torsiometri.

Dalla misurazione della potenza si possono avere informazioni molto accurate sulla forma fisica da sfruttare per l'impostazione dell'allenamento.

Abbigliamento

Il tipo di abbigliamento da indossare quando andate in bicicletta dipende dalle condizioni atmosferiche. È bene controllare sempre le previsioni del tempo prima di uscire di casa così da essere preparati per eventuali cambiamenti climatici improvvisi. Quando fa caldo potreste indossare semplicemente dei pantaloncini e una maglietta. Se però avete intenzione di pedalare in montagna, potreste incappare in basse temperature anche in una giornata soleggiata. È meglio portare allora degli indumenti extra nelle tasche della vostra maglia. Quando fa fresco, la cosa migliore è vestirsi a strati. In questo modo, infatti, disperderete meglio il calore e i vari indumenti riusciranno ad assorbire il sudore, lasciandovi asciutti.

In ogni caso ricordatevi questo consiglio: controllate sempre la temperatura esterna prima di uscire. È di sicuro meglio basarsi su questa, magari mettendo un termometro direttamente sul balcone, piuttosto che vestirsi in base alla stagione. Rischiereste di trovarvi con un abbigliamento inadeguato.

Magliette

Le magliette da ciclista vengono indossate per migliorare il comfort ma anche l'aerodinamicità. Molti modelli sono composti da un insieme di fibre che lascia freschi in estate e caldi in inverno, e che eliminano rapidamente l'umidità derivante dal sudore. Le magliette sono disponibili con le maniche corte o lunghe per essere confortevoli in ogni stagione. Se il tempo è fresco è consigliabile vestirsi a strati, per esempio indossando una maglia intima adeguata sotto la maglietta, per tenervi al caldo.

Le maglie da ciclista hanno due o tre tasche posteriori, ideali per portare con sé abiti extra, denaro, chiavi, mappe, il telefono cellulare o altro equipaggiamento. Molti modelli possono avere una zip anteriore che le apre interamente o solo parzialmente. Il costo parte da 30 e arriva fino a oltre 100 euro.

Maglia intima

Le T-shirt di cotone non sono adatte come canottiere quando pedalate perché possono appesantirsi con il sudore e ridurre la capacità del corpo di raffreddarsi o riscaldarsi. Al posto del cotone provate a indossare una maglia intima in rete o nei tessuti speciali studiati apposta per questi indumenti. Si tratta di materiali che lasciano traspirare il sudore e isolano molto bene la pelle dagli sbalzi di temperatura, che rappresentano un rischio per la salute del ciclista. Inoltre, eliminando rapidamente il sudore, evitano che questo possa raffreddarsi in maniera repentina sulla pelle e restituiscono una notevole sensazione di comfort. Una maglia intima ha un costo a partire da circa 20 euro.

Pantaloncini

Un errore che vedo fare spesso a chi inizia ad andare in bicicletta è quello di non utilizzare pantaloncini adeguati. I calzoncini da ciclista sono indispensabili quando si pedala per più di mezz'ora in bicicletta. Quindi ve li consiglio sempre.

L'imbottitura morbida è composta da materiali antibatterici e in grado di assorbire il sudore senza generare sfregamenti che porterebbero a irritazioni della pelle. Alcuni produttori fabbricano pantaloncini con fondello unisex, altri invece realizzano modelli specifici per uomo e per donna che raccomandiamo vivamente. Le differenze anatomiche tra uomini e donne comportano punti di contatto leggermente diversi sulla sella che è bene assecondare con pantaloncini specifici.

I pantaloncini da ciclista con imbottitura vengono indossati senza la biancheria intima per prevenire sfregamenti e irritazioni. Sono fatti in tessuto elastico di lycra a modello salopette per assicurare un'aderenza ottimale quando si è in posizione di pedalata. I calzoncini da ciclista devono coprire la gamba proprio sopra il ginocchio per impedire che le cosce sfreghino sulla sella, devono essere attillati per impedire la formazione di pieghe che possono irritare la pelle mentre pedalate. Se non vi piace indossare il tessuto lycra attillato, potete optare per un paio di pantaloncini di nylon abbondanti, ma sempre con il fondello interno; tenete presente che questi modelli sono adatti solo per brevi pedalate, perché non sono particolarmente aerodinamici e potrebbero causare irritazione per lo sfregamento sui lunghi percorsi. Lavate i pantaloncini dopo ogni uso in quanto, se sporchi, potrebbero provocare infezioni a causa di batteri e piaghe dove la pelle è a contatto con la sella. I prezzi variano a seconda della qualità, da 30 a 120 euro, ma si possono trovare modelli più sofisticati e decisamente più costosi.

Occhiali

Indossare gli occhiali da ciclista è diventata un po' una moda da quando Lemond, negli anni Ottanta, ne fece una delle sue caratteristiche distintive. Ma gli occhiali da sole non hanno solo una valenza estetica. Sono, soprattutto, un modo molto valido per proteggere gli occhi dai raggi solari nocivi e dalla polvere. E naturalmente migliorano la visione quando si ha il sole in faccia.

Il design avvolgente della maggior parte dei modelli elimina il flusso d'aria attraverso il ponticello per il naso e i lati. Molti occhiali hanno lenti intercambiabili, create per le diverse condizioni climatiche e di luminosità: dal sole al cielo coperto, fino alla pioggia. Su alcuni modelli si possono persino montare lenti graduate tramite apposite clip da fissare nella parte interna. Gli occhiali da ciclismo sono preferibili alle lenti a contatto che potrebbero seccarsi a causa dell'aria mentre pedalate, e con il pericolo che la polvere si depositi tra la lente e l'occhio dando parecchio fastidio. Quanto al costo, un buon occhiale dovrebbe essere di almeno 60 euro, mentre le montature con le lenti graduate hanno un costo maggiore.

Guanti

Specialmente in estate i corridori tendono a trascurare questo accessorio. C'è chi non vuole rischiare l'abbronzatura uniforme delle mani. Invece i guanti possono essere molto utili per la sicurezza e per migliorare l'appoggio sul manubrio. Incorrere in una caduta senza guanti significa procurarsi escoriazioni dolorose alle mani.

Il modello senza dita, tipico della maggior parte dei guanti da ciclista, permette una maggiore scioltezza nei movimenti, consentendo di cambiare rapporto e di frenare facilmente. Sono anche dotati di imbottiture per attutire gli urti delle strade e dei sentieri dissestati, e assorbono il sudore. Il costo si aggira da 15 a 50 euro.

Quando il tempo è freddo, è preferibile indossare guanti integrali. Tenete bene a mente che mantenere il controllo sul cambio dei rapporti e sui freni è una priorità; pertanto assicuratevi che i guanti permettano il movimento delle dita per manovrare correttamente freni e deragliatori. Sul mercato ci sono diversi tipi di guanti per le diverse condizioni climatiche. Grazie ai materiali tecnici è aumentato il livello di protezione termica pur lasciando una buona libertà di movimento alle dita.

Mantellina

Una mantellina è consigliabile quando fa freddo e piove per evitare di dover interrompere un'escursione se si è colti all'improvviso da una perturbazione: è bene essere previdenti e tenerne sempre una in tasca. Sul mercato ne esistono di diversi prezzi: si parte da poche decine di euro, ma i modelli migliori non costano meno di 40 euro. O anche molto di più se si sceglie un modello più tecnologico realizzato con le nuove membrane che permettono un'ottima protezione dal vento e dalla pioggia ma consentono, allo stesso tempo, l'eliminazione del sudore verso l'esterno facendo respirare la pelle.

Alcuni ciclisti utilizzano la mantellina impermeabile per sudare di più, con la falsa convinzione che ciò aiuti a dimagrire: niente di più sbagliato. Pedalare in questo modo significa solo rischiare la disidratazione, e i chili che sembra di aver eliminato quando ci si pesa dopo l'allenamento altro non sono che i liquidi dispersi. Il fisico provvederà a reintegrarli insieme... ai chili che sembrava di aver abbandonato per strada.

Abbigliamento invernale

La stagione fredda non fa più paura al ciclista come una volta, quando la si affrontava aggiungendo strati di vestiario. Oggi, grazie ai materiali supertecnici che abbiamo a disposizione, si è ridotto decisamente il peso dell'abbigliamento invernale, e questo si traduce anche in una maggiore libertà di movimento.

Giubbino

Se fa tanto freddo è il caso di acquistare un giubbino invernale. Ce ne sono di diversi tipi a disposizione e spesso dotati di protezioni antivento nella parte frontale. I modelli più pesanti permettono anche una buona protezione all'acqua sfruttando le membrane microporose che bloccano le molecole dell'acqua ma lasciano passare quelle più piccole del vapore acqueo. La traspirazione, quindi, è assicurata. I giubbini più semplici possono costare meno di 100 euro, ma per quelli più sofisticati aspettatevi cifre ben superiori.

Calzamaglia

Quando la temperatura è sotto i 10° sarebbe forse più opportuno indossare una calzamaglia che permetta di mantenere le gambe al caldo, così da impedire eventuali danni ai muscoli e ai legamenti, più probabili in una giornata fredda. Se il vostro budget lo consente, fareste meglio a prendere in considerazione l'acquisto di pantaloni lunghi e isolanti per le fredde giornate d'inverno. I prezzi variano da 40 a 100 euro, ma, a seconda dei materiali, possono essere anche più elevati. Ad esempio, ci sono calzamaglie dotate di speciali protezioni antivento posizionate strategicamente per preservare i muscoli dal freddo.

Manicotti e gambali

Più che per l'inverno questi accessori sono utili per la mezza stagione, quando, la mattina e verso il tramonto, la temperatura scende parecchio rispetto alle ore più calde della giornata.

Il vantaggio che offrono i gambali e i manicotti è quello di trasformare l'abbigliamento estivo in semi-invernale e, per chi è più abile, non serve neppure scendere dalla bicicletta: appena ci si è riscaldati a sufficienza, infatti, è facile togliere manicotti e gambali e riporli nelle tasche della maglia.

Il costo di un paio di manicotti va da 20 a 40 euro. Si tenga conto che ne esistono di modelli più o meno pesanti tra cui scegliere. Lo stesso vale per i gambali.

Capitolo 2

Conoscere a fondo la bicicletta

Di ciclisti ce ne sono di tanti tipi. Alcuni si portano la bici in camera da letto come faceva Marco Pantani, altri se ne disinteressano quasi completamente lasciando fare ai meccanici. Ricordo il russo Konyshev, tanto forte quanto spartano con la sua bicicletta: il suo meccanico era convinto che se un giorno avesse dimenticato di montargli il nastro manubrio lui non se ne sarebbe neppure accorto.

C'è anche chi si inventa soluzioni personalizzate per ottimizzare qualche componente. C'è da dire che con i materiali superleggeri di oggi i margini di intervento sono decisamente minori. Ad esempio sarebbe impensabile forare una curva manubrio per far passare i cavi di comando all'interno: dopo non avreste altro che un manubrio da buttare.

Conoscere la bicicletta, comunque, è molto importante ed è quello che imparerete da questo capitolo. Bisogna sapere scegliere una bici delle dimensioni adatte al proprio corpo ed è essenziale una corretta postura. È anche importante pedalare in modo giusto, utilizzare i rapporti adeguati e l'equipaggiamento più opportuno per ogni occasione.

Si parlerà anche di sicurezza e come prepararvi al meglio per sfruttare al massimo il vostro mezzo.

Scegliere le dimensioni del telaio

Il primo passo nella scelta è stabilire la misura corretta della bicicletta: deve essere proporzionata alle dimensioni del ciclista.

A seconda del tipo di bici, come abbiamo detto, le dimensioni del telaio possono essere date in centimetri o in pollici. Per quelle da corsa, in genere, la misura viene data con il sistema decimale, mentre per le mountain bike si possono trovare indicazioni anche in pollici. La misura del telaio, a meno di indicazioni diverse, fa riferimento al tubo di sella.

I telai moderni possono essere disposti secondo una geometria classica, in cui il tubo superiore è parallelo al terreno, oppure nella più moderna linea "sloping", dove il tubo superiore è inclinato a scendere dal tubo di sterzo al piantone (tubo sella).

Con i telai sloping si sono potute coprire praticamente tutte le misure del corpo umano con poche taglie di telaio. Questa geometria, infatti, permette una migliore adattabilità rispetto a un telaio tradizionale e, se il ciclista è proporzionato, di regola non avrà grandi problemi. In Italia, tuttavia, ci sono artigiani maestri nella realizzazione di telai su misura: si tratta sicuramente di soluzioni da non scartare a priori, soprattutto se si ha già esperienza di qualche problema con il posizionamento in sella.

La corretta posizione sulla bicicletta

Una posizione corretta sulla bici migliora l'efficienza e la capacità di produrre energia mentre pedalate. Una posizione sbagliata, al contrario, può recare danni al fisico e influire negativamente sulle prestazioni e sull'abilità di guida, in particolare dove si richiede agilità di movimento e in discesa. Ci sono diversi fattori che contribuiscono all'assunzione di una postura idonea: le dimensioni del telaio, l'altezza della sella, l'angolo della caviglia, l'altezza dell'attacco del manubrio e la sua distanza dalla sella.

Le misurazioni variano da persona a persona e si basano sulla corporatura, sul tipo di ciclismo che si intende praticare ma anche su eventuali traumi, passati o presenti. Ci vuole tempo per capire se una bicicletta è fatta per voi, pertanto non aspettatevi di trovare la misura perfetta al primo tentativo. A volte sono necessari diversi aggiustamenti per far sì che la bicicletta sia comoda ed efficiente, e settimane o mesi per raggiungere la posizione ottimale.

Per trovare il posizionamento corretto, può essere utile montare la bicicletta su un rullo e simulare le diverse posizioni mentre si pedala. Avrete bisogno di qualcuno che vi aiuti con le varie misurazioni mentre siete sulla bicicletta e con indosso le scarpe e i pantaloncini da ciclista.

Potete anche farvi fotografare per analizzare poi le diverse posizioni e capire come migliorarle.

Ogni negozio dovrebbe offrire un servizio di valutazione della posizione in sella, ma se volete andare sul sicuro, potete rivolgervi presso un centro specializzato dove vi sistemeranno perfettamente in sella. Chiedete al vostro rivenditore per conoscere la disponibilità e i costi di un centro di biomeccanica.

L'altezza della sella

L'altezza della sella è forse uno dei fattori più delicati riguardanti la posizione in bicicletta perché determina il modo in cui i muscoli si distendono e riescono a esprimere la loro potenza, e, al tempo stesso, determina la giusta pressione nella zona perineale, evitando indolenzimenti.

Se l'appoggio non è corretto, l'efficienza si riduce e la tensione si sposta in modo inappropriato su tendini e muscoli.

Una buona regola per capire la corretta posizione della sella l'ha individuata l'ex campione francese Bernard Hinault, che suggerisce di partire dalla misura del cavallo, moltiplicandola per 0,885.

Con lo stesso metodo si può arrivare a misurare il piantone (centro-centro), moltiplicando il cavallo per 0,65. Si tenga conto, però, che la misura del piantone nelle biciclette moderne non è più così indicativo come era una volta. L'arrivo della geometria sloping ha demandato molto all'estrazione del reggisella il posizionamento del ciclista togliendo importanza al piantone. Va presa più in considerazione la lunghezza del telaio. Da questo valore si determina quanto il ciclista possa distendersi sulla bicicletta.

Tenete presente, inoltre, che l'altezza della sella può variare nel corso della stagione. In genere conviene partire con la sella un po' più bassa del dovuto (in inverno si fanno lavori di agilità e distendere un po' meno le gambe è anche utile per non stressare troppo i tendini), per poi alzarla gradualmente nel corso della stagione. Pensate che io arrivavo ad alzare la sella anche di un centimetro tra l'inizio della preparazione e il pieno della stagione agonistica. Dopo aver sistemato l'altezza dell'appoggio dovrete regolare anche l'avanzamento e l'angolo di inclinazione della sella.

Prima, però, dovete sistemare la posizione delle tacchette applicate agli scarpini. Perché sia ideale, il metatarso dovrebbe poggiare allineandosi con l'asse del pedale. Alcune tacchette consentono più libertà angolare di altre. Assicuratevi che il tallone non tocchi la pedivella mentre pedalate. Eventualmente verificate la necessità di utilizzare dei plantari. Nei primi anni da professionista mi capitava di avere un indolenzimento al metatarso che ho potuto risolvere proprio grazie a un plantare. Il plantare è utile anche per recuperare dei difetti di appoggio del piede e può aiutare molto nella trasmissione della forza oltre che migliorare l'assetto in sella.

Con le pedivelle parallele al terreno, spostate la sella avanti o indietro in modo che la linea ideale che va dal vostro ginocchio a terra passi esattamente sull'asse del pedale: sarete in grado di pedalare usando i muscoli nel modo più efficiente possibile. Sistemate l'angolo della sella così che sia o a livello o punti leggermente verso il basso nella parte anteriore. Quindi tornate a controllarne l'altezza. Un ampio spostamento in avanti, infatti, riduce l'altezza dell'appoggio, mentre, spostando la sella indietro, la distanza dalla pedaliera aumenta. Assicuratevi che l'altezza sia sempre corretta. È un procedimento noioso che richiede molti aggiustamenti, ma è fondamentale perché, alla fine, ottenendo la posizione più appropriata si aumenta il comfort, si prevengono i traumi e si ottimizza il trasferimento della potenza.

La regolazione e la distanza del manubrio

Se osservate un ciclista in bicicletta capirete che, oltre che dall'altezza della sella, la corretta posizione è determinata dalla distanza del manubrio, dalla lunghezza delle braccia, dalla flessibilità della schiena e dalla forza della parte superiore del corpo. Le dimensioni (da un'estremità all'altra), la regolazione (il livello o inclinazione verso l'alto o verso il basso) e l'attacco del manubrio influiscono sulla sua distanza dal vostro corpo.

La distanza ottimale dipende anche dal tipo di bicicletta e dal tipo di percorso (pianura, montagna, turismo, mountain bike, competizioni o gare cronometrate).

A differenza dell'altezza di sella, che rimane costante sulle diverse biciclette, la regolazione e la distanza del manubrio cambiano a seconda del tipo di bicicletta. Ovviamente variano anche in base alla posizione. Un corridore come Chiappucci, ad esempio, nonostante la forza che esprimeva in salita, in pianura non riusciva a tenere il busto molto basso e quindi a essere aerodinamico. Al contrario, un atleta come Bartoli riusciva ad allungarsi talmente tanto da disegnare un cuneo perfetto di fronte al muro d'aria che investe il ciclista.

In generale, dovreste mantenere una posizione che vi consente di pedalare con i gomiti sempre un po' piegati per assorbire le vibrazioni e le sconnessioni della strada, lasciandovi un maggior controllo e affaticando meno le braccia, il collo, la schiena e le spalle. Sistemate l'altezza e la distanza del manubrio in modo da pedalare in questa posizione flessa. A seconda del tipo di attacco, l'altezza può essere regolata usando degli spessori o, semplicemente, allentando e sollevando il manubrio. Ricordate che gli attacchi del manubrio più datati, senza gli spessori, hanno una linea per l'altezza massima che garantisce sicurezza e stabilità. È importante che vi assicuriate che le vostre mani non reggano un peso corporeo eccessivo, altrimenti si potrebbero intorpidire. Se questo accade, sistemate la posizione sedendovi più indietro sulla sella. Parte del peso e della pressione verrà così sottratta alle mani, eliminando l'intorpidimento. Per istruzioni specifiche sul modello di attacco ideale vi consiglio di consultare il meccanico di fiducia o un manuale di riparazioni.

Chi gareggia su strada generalmente cerca di ottenere una posizione aerodinamica e di pedalare in una posizione più allungata con la schiena leggermente piatta e parallela al terreno. Su strada la differenza di altezza tra sella e manubrio può variare in base alle caratteristiche del ciclista. I professionisti possono arrivare anche ad avere il manubrio dieci centimetri più in basso rispetto alla sella. Tenete conto che dovete riuscire a impugnare il manubrio nella parte bassa senza eccessiva difficoltà (si tratta comunque di una posizione piuttosto estrema).

Gli scalatori adottano spesso una posizione del busto più eretta che gli consente di respirare più facilmente e di fare forza sui pedali con più efficacia in salita.

Ad esempio, il francese Laurent Jalabert preferiva tenere il manubrio leggermente più alto ma stava molto spesso con le mani in presa bassa. Oggi i corridori sono soliti tenere le leve del freno un po' più in alto sulla curva manubrio per poter avere un appoggio in più per fare forza in salita.

Per le bici da turismo e le bici ibride, solitamente, l'aerodinamicità non è così importante, quindi, in questi casi, è meglio scegliere una posizione più alta e confortevole. In tal modo la schiena, le braccia e il collo sono meno sollecitati nei percorsi lunghi. Sulla maggior parte delle biciclette da turismo e ibride l'altezza dell'attacco è, più o meno, allo stesso livello dell'altezza della sella o un po' più basso. Una posizione più eretta sulle mountain bike vi aiuta ad arrampicarvi, a respirare e a controllare meglio la bici.

Sulle bici da cronometro cercate di raggiungere la posizione più aerodinamica possibile. Questo significa rimanere allungati con la schiena piatta e le braccia tese di fronte al corpo. Lo speciale manubrio da cronometro consente una posizione che produce il massimo dell'aerodinamicità.

Pedalare correttamente

La maggior parte di noi impara a pedalare da bambino e, una volta trovato l'equilibrio, andare in bicicletta sembra un esercizio davvero semplice e banale. Eppure, una tecnica di pedalata corretta e l'uso corretto del cambio di velocità possono migliorare ancora molto il vostro rendimento. Inoltre, seguire le norme e le precauzioni di sicurezza va a tutto vantaggio dell'incolumità.

Pedalare con efficacia

Idealmente un ciclista dovrebbe cercare di pedalare con una cadenza media da 90 a 100 giri al minuto (RPM) in pianura. Questo è solitamente l'intervallo più efficace per i muscoli e per tutto il sistema cardiovascolare.

Miguel Indurain, ad esempio, ha fatto dell'agilità la sua arma vincente. Pedalare con un ritmo molto elevato gli ha permesso di conservare le energie e averle a disposizione nei momenti importanti più di quanto non fosse possibile ai suoi rivali che pedalavano con rapporti più lunghi.

I ciclisti alle prime armi tendono a usare rapporti troppo lunghi, che per contro li obbligano a tenere cadenze troppo basse. La pedalata lenta affatica i muscoli, i tendini e le giunture e potrebbe comportare dei traumi: tutte cose che vorremmo evitare.

Quando affrontate un allenamento più intenso, come una pedalata in salita, un buon modo per determinare una cadenza appropriata è combinare il fiato alla resistenza muscolare e allo sforzo delle gambe: mentre pedalate, controllate quanta fatica fanno gambe e polmoni. In teoria, quando affrontate un tratto difficile dovrebbero fare entrambi la medesima fatica: ma se i polmoni vi fanno più male, diminuite la cadenza; se invece sono le gambe a farvi più male, aumentatela.

Per misurare la cadenza potete servirvi di un ciclocomputer o seguire il vecchio metodo di contare i giri che fanno le gambe in un minuto. All'inizio potrebbe essere difficile se non impossibile pedalare tra i 90 e i 100 RPM, ma con un po' di pratica migliorerete sensibilmente e con il tempo diventerete più fluidi e più efficienti. Se avete dei problemi a pedalare a questi ritmi, fissatevi dei piccoli obiettivi graduali per consentire al vostro corpo di adattarsi a pedalare alla cadenza desiderata. Iniziate con una media di 65-75 RPM e poi, quando vi sentite a vostro agio (questo può richiedere poche pedalate o addirittura qualche settimana di esercizio), aumentate la media di 5 o 10 RPM per volta, finché non raggiungete l'intervallo tra i 90 e i 100 RPM. Ricordate che è naturalmente più difficile pedalare con una cadenza elevata quando siete in salita, mentre è più facile in discesa. Se la media è vicina agli 80-90 RPM in salita e 100-120 o più in discesa, la media complessiva ha soddisfatto l'obiettivo finale.

Una tecnica di pedalata appropriata trasferisce più potenza dalle gambe alla bicicletta. Mentre pedalate, dovete pensare che i pedali disegnano un cerchio e quindi distribuire la potenza lungo l'intera pedalata: il tallone dovrebbe scendere leggermente mentre pedalate verso il basso e sollevarsi leggermente mentre pedalate verso l'alto. Provate a pedalare con una pressione fluida e consistente durante tutta la rivoluzione del pedale, cercando anche di tirarlo in su nella fase di richiamo: rimarrete sorpresi dalla quantità di energia in più che riuscirete a esprimere.

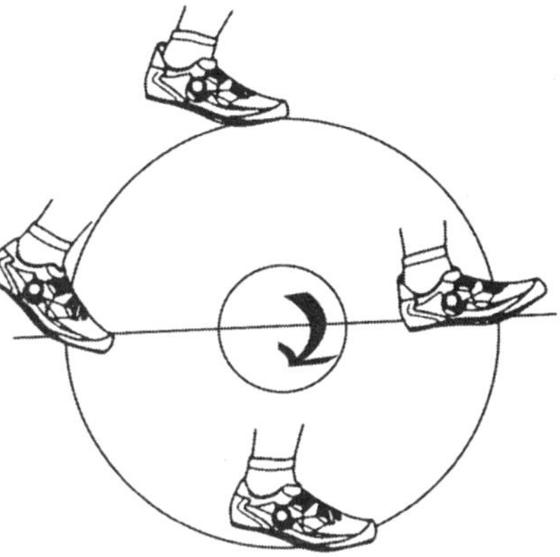

Tecnica di pedalata appropriata

Cambiare i rapporti

I rapporti sono i vostri migliori alleati: proprio come in auto si cambia marcia di frequente per mantenere il motore alla massima efficienza, voi dovrete cambiare rapporti per mantenere una cadenza appropriata di pedalata. Come il terreno, la direzione del vento e il vostro livello di fatica cambiano nel corso del tragitto, così dovreste cambiare rapporto per assecondare il mutare delle condizioni.

Sul mozzo posteriore sono collocati i pignoni di varie dimensioni e sulla pedivella ci sono le due o tre corone di diverse misure (numero di denti). Il numero di denti sul pignone o sulla corona determina la dimensione del rapporto e la quantità di strada che si percorre con una pedalata. Cambiando le combinazioni della corona anteriore e del pignone posteriore potrete ottenere tanti rapporti diversi. La corona anteriore più grande e il pignone posteriore più piccolo costituiscono il rapporto più lungo, con cui si fa più strada, più o meno come la quinta o la sesta marcia nelle automobili. Al contrario, la corona anteriore più piccola e il pignone posteriore più grande costituiscono il rapporto più corto, ovvero quello con cui si fa meno strada per ogni pedalata. Ovviamente, di solito i ciclisti usano i rapporti più lunghi in discesa, i più corti in salita e quelli medi sui terreni pianeggianti.

Se farete un po' di esercizio nell'uso dei rapporti e del cambio, con il tempo diventerà una cosa automatica e naturale variare la lunghezza dei rapporti in base al percorso e alle pendenze che affronterete. Tantopiù che i comandi sul manubrio delle biciclette moderne permettono di modificare con rapidità la posizione della catena sugli ingranaggi. Quando in discesa le gambe non sono più in grado di seguire il movimento dei pedali, perché la pedalata diventerebbe troppo veloce, è il momento di inserire un rapporto più lungo. Dovrete passare invece a un rapporto più corto quando in salita la cadenza diminuisce e rischiate di dovervi fermare. Imparerete a pedalare con naturalezza utilizzando il cambio e rendendo la pedalata sempre più efficiente: in questo modo impedirete alle ginocchia di affaticarsi troppo usando un rapporto troppo elevato.

Spesso i cicloamatori mi chiedono quali siano i rapporti utilizzati dai professionisti in determinate situazioni. Capisco la curiosità, ma non bisognerebbe copiare il loro uso dei rapporti, quanto piuttosto la loro cadenza di pedalata. Questo sì che può essere un modo per migliorare. I rapporti si adegueranno di conseguenza.

Usare rapporti adatti

Nelle biciclette moderne la scelta dei rapporti è davvero molto ampia, e non solo perché nella cassetta posteriore si è arrivati a 10 o addirittura a 11 velocità, ma anche perché sono state introdotte delle moltipliche ridotte rispetto agli ingranaggi anteriori solitamente usati per la guarnitura.

Le cosiddette moltipliche "compact" con ingranaggio inferiore di appena 34 o 36 denti (accoppiato con una moltiplica maggiore a 48 o 50 denti) hanno permesso di pensare in maniera del tutto nuova l'assortimento dei rapporti posteriori. La possibilità di montare nel pacco pignoni posteriore ingranaggi da 27 o più denti anche sulle biciclette da corsa ha portato i professionisti a sfruttare sempre di più l'agilità in salita. Prima, quando c'erano solo 6 o 7 ingranaggi posteriori, la scelta era necessariamente molto più limitata.

Norme e misure precauzionali

Il ciclista che pedala su strada deve rispettare con la massima attenzione le regole del Codice della Strada (la bicicletta è considerata a tutti gli effetti un veicolo). Al di là delle multe, il rischio è di incorrere in incidenti gravi in cui il ciclista è molto esposto poiché non è dotato di alcuna protezione, eccetto il casco, che è buona norma utilizzare sempre. Ma occorre anche fare attenzione a come si pedala: se la strada è stretta è opportuno pedalare in fila indiana sul ciglio, evitando di intralciare la carreggiata dove scorrono le automobili e i camion.

Va ricordato, in ogni caso, che il Codice della Strada prevede il divieto ai ciclisti di procedere affiancati a meno che uno di essi sia minore di dieci anni (e deve procedere sulla destra).

Ecco, inoltre, qualche consiglio utile per uscire in bicicletta preparati per affrontare le situazioni più comuni e qualche piccolo imprevisto.

- Portate con voi almeno una borraccia d'acqua, qualsiasi sia la condizione climatica o la lunghezza del vostro tragitto. Bevete prima di sentire la sete: la disidratazione è un problema comune per i ciclisti. È difficile rendersi conto di quanto si suda quando si è in bicicletta perché il vento asciuga rapidamente il sudore.
- Portate sempre qualcosa da mangiare: il classico panino con prosciutto, o una mela. I primi anni da allievo mi portavo dei Pavesini con un po' di marmellata e miele. In ogni caso è importante che siano cibi facili da digerire ma anche gustosi. In bicicletta si consumano molte calorie, e se si rimane a secco di carburante si va in crisi e sarà impossibile continuare a pedalare finché non si saranno reintegrate le energie assumendo un po' di carboidrati.
- Portate qualche indumento in più, soldi, un cellulare e un documento di identità con i riferimenti da contattare in caso di emergenza. E dato che non si può mai sapere quando il tempo decide di cambiare, sarebbe una buona idea essere provvisti di una mantellina antipioggia, di guanti, gambali e manicotti, specialmente in primavera, in autunno e in inverno.
- Tenete a mente la direzione del vento quando calcolate il tempo necessario per l'uscita in bici. Pedalerete molto più velocemente con il vento alle spalle che controvento. Ma siate prudenti e non allontanatevi troppo da casa solo perché avete iniziato l'escursione con un forte vento di coda: tornare indietro potrebbe costarvi molta fatica.

Migliorare le tecniche di guida della bicicletta

Ci sono corridori che fanno impressione per il feeling che riescono ad avere con la loro bicicletta. Li vedi pedalare in gruppo con naturalezza e affrontare discese lunghe e difficili che sembra quasi che non si accorgano.

La tecnica di guida può essere determinante per l'andamento di una gara. Alcuni corridori sono più portati di altri. Prendete Paolo Savoldelli, ad esempio: se iniziava una discesa con tante curve in testa al gruppo, aveva buone probabilità di arrivare in fondo da solo, dopo aver staccato tutti. Un matto? Savoldelli è uno dei corridori con meno cadute in discesa. Aveva una tecnica ineccepibile nella guida della bici e nella gestione delle curve, e anche un buon intuito nel capire l'andamento della strada. Il venezuelano Leonardo Sierra, invece, fortissimo in salita, era capace di perdere, in discesa, anche cadendo ripetutamente, tutto quello che aveva guadagnato salendo.

Essere abili nel guidare la bicicletta è essenziale per la propria incolumità, oltre che per raggiungere un buon rendimento. Quando siete comodi e rilassati potete manovrarla con maggiore facilità ed evitare situazioni critiche e cadute che possono rivelarsi pericolose.

Per migliorare la capacità di guida trovate una zona con pochi o, meglio ancora, nessun pedone né traffico automobilistico (come, per esempio, un parcheggio), così da potere fare pratica nelle curve, nell'accelerazione e nello sprint. Se avete una mountain bike o una bici da ciclocross potete fare pratica su un prato o su un sentiero sterrato in cui sia consentito l'accesso in bicicletta.

Allestite un piccolo percorso ad anello e provate più volte, con concentrazione, a prendere una curva impegnativa e a pedalare in modo veloce e sicuro. Cercate di sentire come si comporta la bicicletta, immaginate che sia una vostra estensione. È importante mantenete la parte superiore del corpo rilassata e gli occhi fissi sulla strada di fronte a voi. Ricordatevi di non pedalare quando siete in curva, quindi mantenete la gamba interna sollevata e quella esterna tesa, altrimenti il pedale interno tocca il terreno quando la bici si inclina. Rallentate quando iniziate la curva e accelerate quando ne state uscendo. Mentre effettuate il percorso ad anello familiarizzate con i rapporti della bicicletta. Cambiate con un rapporto più facile o più leggero mentre entrate in curva e poi passate a uno più grande mentre ne uscite, assicurandovi di scegliere il giusto rapporto in base alla velocità e alla cadenza.

Fate pratica frenando a velocità diverse, prendendo nota di quanto ci vuole per rallentare o fermarsi. Un'eccessiva pressione sul freno anteriore potrebbe farvi capovolgere, mentre un'eccessiva pressione sul posteriore potrebbe farvi sbandare. Per fermarvi in modo sicuro è importante bilanciare la frenata tra anteriore e posteriore. Anche frenare al culmine della curva e poi lasciare andare i freni potrebbe essere rischioso. Fate inoltre pratica a salire e scendere dai pedali così che, quando siete in strada, ai semafori o agli incroci, siete pronti a sganciare le scarpe in tutta sicurezza e rapidità.

Pian piano, indubbiamente, la sicurezza andrà aumentando così come la disinvoltura in ogni situazione. Questo permetterà una guida sempre più efficace e sicura. L'evoluzione della tecnica di pedalata e di conduzione del mezzo non terminerà mai. Anche i ciclisti più esperti cercano continuamente di migliorarsi.

Dove pedalare

Essere provetti ciclisti significa anche essere in grado di pedalare in condizioni differenti. Imparando a pedalare al coperto, all'aperto, su strada e sentieri, migliorerete la vostra capacità di seguire un programma di allenamento diversificato e di acquisire una buona forma fisica. Le informazioni fornite nei paragrafi seguenti vi aiuteranno a ottenere il massimo dall'allenamento in diverse condizioni ambientali.

Pedalare al coperto

Ci sono giornate in cui uscire in bicicletta non è proprio raccomandabile. Oppure non potete semplicemente perché il tempo che avete a disposizione è la sera, quando il sole è già tramontato. Allora non resta che fissare la vostra bicicletta a un rullo o a un ciclosimulatore, attrezzi che permettono di pedalare al coperto.

Molti simulatori che si montano al mozzo della ruota posteriore impartiscono una resistenza magnetica (che sostituisce quella aerodinamica) al copertone posteriore, consentendovi di fare un esercizio faticoso anche al coperto. Molte ditte fabbricano simulatori semplici da utilizzare che possono essere attaccati alla bicicletta con facilità. Il loro prezzo parte da 60 euro, e aumenta per i sistemi sofisticati a freno magnetico o idromagnetico.

È possibile anche usare uno speciale simulatore chiamato "cicloergometro", ma questo attrezzo richiede un investimento molto più alto (uno di buona qualità costa da 1000 a 4000 euro). Se avete intenzione di intraprendere un serio allenamento al coperto quei soldi potrebbero rivelarsi ben spesi, altrimenti ci si può rivolgere a palestre che dispongono di questi particolari strumenti.

Su alcuni ergometri sono installati misuratori di potenza che servono a seguire l'attività e i progressi della forma fisica. In alternativa si può utilizzare efficacemente anche un normale cardiofrequenzimetro.

Quando fate attività al coperto, con qualsiasi tipo

di attrezzatura, è consigliabile avere un ventilatore e qualche bottiglietta d'acqua, perché ci si scalda rapidamente e la sudorazione diventa molto abbondante con il rischio di disidratazione. Sarebbe opportuno prevedere un locale fresco per gli esercizi al coperto.

Musica o televisione possono fare compagnia mentre si pedala; è invece meglio non leggere durante un esercizio intenso, perché richiederebbe troppa concentrazione, a scapito dell'esercizio fisico.

Anche lo spinning, che si è diffuso sempre di più in questi anni, può essere un valido aiuto per chi voglia prepararsi al ciclismo. Tuttavia occorre non esagerare. Il ritmo di queste lezioni, spesso, potrebbe spingervi a lavori in soglia che sarebbe bene evitare all'inizio della preparazione. Conviene ascoltare maggiormente le proprie sensazioni piuttosto che l'entusiasmo dell'istruttore.

Scegliere la strada

Il luogo dove vi allenate inciderà non poco sul tipo di esercizio da fare. Conviene cercare strade con margini asfaltati e traffico ridotto. Anche se alcune zone offrono eccellenti percorsi ciclabili, è sempre bene mantenere l'attenzione al massimo. Le piste ciclabili sono spesso frequentate da pedoni, pattinatori, bambini e cani, e nessuno di questi si aspetta di incontrare un ciclista che pedala ad alta velocità. Si raccomanda, piuttosto, di allenarsi nella pedalata veloce sulla strada. I negozi di biciclette e i club di appassionati nella vostra zona sono una buona risorsa di informazioni sulle strade e le piste ciclabili da percorrere. Alcuni negozi mettono a disposizione persino delle mappe, mentre alcuni club organizzano regolarmente dei gruppi di allenamento a cui potete unirvi.

Scegliere un sentiero o una strada sterrata

Andare in fuoristrada può essere un piacevole diversivo anche per chi corre su strada. Pedalare nei sentieri permette di mantenere attiva la muscolatura e di svolgere un normale allenamento in un contesto che può essere molto piacevole. Inoltre sullo sterrato si impara a guidare bene la bicicletta poiché il fondo non garantisce molta aderenza e allena efficacemente l'equilibrio e la capacità di "stare in sella".

Alcune superfici sono così battute da poter essere percorse anche con una bici da strada, sebbene questo richieda una certa destrezza dal momento che state usando coperture più sottili. L'ideale per questi percorsi sono le bici ibride, da ciclocross o le mountain bike perché sono in grado di assorbire meglio le imperfezioni del fondo stradale consentendo una pedalata più confortevole e sicura.

Potete usare una bici ibrida o da ciclocross su un terreno sterrato costituito da un unico sentiero, sebbene sia la mountain bike quella più adatta in questo caso. Quando cercate percorsi dove pedalare, tenete presente che le mountain bike non sono ammesse su alcuni sentieri. In alcune zone, l'erosione dovuta a un attraversamento eccessivo potrebbe costituire un problema e i sentieri potrebbero essere temporaneamente chiusi. In genere, in tali circostanze troverete chiare indicazioni. È bene ricordare che non rispettare i divieti sui percorsi può portare a essere multati oltre che esporre a situazioni potenzialmente pericolose. Alcuni sentieri, ad esempio, sono riservati esclusivamente ai pedoni, i quali non si aspettano di trovarsi davanti una bicicletta che arriva ad alta velocità. Pertanto è meglio effettuare una piccola ricerca per appurare dove è consentito passare su due ruote. I negozi di bici del posto e i club di ciclisti sono una preziosa fonte di informazioni a questo riguardo.

Chiudiamo questo capitolo con una raccomandazione: siate prudenti sui percorsi attraversati dai cavalli. Questi, infatti, non si sentono a loro agio quando sono vicini alle biciclette e, a volte, potrebbero imbizzarrirsi causando incidenti.

II

Tecnica e programmi di allenamento

Capitolo 3

Familiarizzare con l'allenamento

Quando ero ragazzino sentivo dire, come consiglio, di prendere la bicicletta e fare più strada possibile andando più veloce possibile. È vero che per andare forte in bici occorre allenarsi bene e prevedere anche dei sacrifici, ma l'allenamento deve essere ragionato perché sia efficace. Altrimenti, semplicemente, si fa tanta fatica e si arriva finiti proprio quando si vorrebbe andare più forte.

Avere buone abitudini nell'allenamento vi farà godere appieno della vostra bicicletta, sia che abbiate intenzione di gareggiare, sia che semplicemente vogliate migliorare la forma fisica. In questo capitolo si descrive una filosofia di allenamento che vi permetterà di ottimizzare il lavoro limitando i problemi ed evitando fatica inutile. Si introducono anche concetti fondamentali dell'allenamento, quali il porsi degli obiettivi, l'individualità, l'adattamento, la programmazione e le variabili del carico di lavoro fisico. Infine, imparerete a prendere nota dei progressi nel tempo: la gioia più grande nell'allenamento è scoprire che quello che state facendo oggi è di gran lunga superiore a quello che eravate in grado di fare due o tre mesi fa. L'obiettivo di questo libro è di aiutarvi a raggiungere questo risultato.

Allenarsi con efficacia

Vi svegliate per uscire in bici, fuori è freddo e magari minaccia pioggia. La tentazione è forte, e il cuscino ha ancora la forma della vostra testa. A questo punto, se sapete che l'allenamento che state per fare è fondamentale per raggiungere il vostro obiettivo, non ci penserete due volte e andrete verso la bicicletta. Se invece avete solo una vaga idea di star meglio fisicamente è probabile che vinca il cuscino. In fondo si sta bene anche lì.

Ecco, il segreto di una buona preparazione è anche nella motivazione. Soprattutto chi ha già esperienza di corse in bicicletta deve porsi degli obiettivi chiari e definiti. Non servono traguardi importanti, basta focalizzarsi su piccoli obiettivi da raggiungere un po' per volta.

Questa attenzione non solo migliora l'atteggiamento mentale, ma persino la risposta all'allenamento. Per esempio, anche se il traguardo della giornata è semplicemente divertirvi, la pedalata dovrà essere fruttuosa. Divertirvi e mantenere vivo il vostro amore per la bicicletta potrebbe essere parte del piano principale, e questo esercizio divertente vi ripagherà nella preparazione per altri giorni di allenamento più difficili. Ricordate che se, in qualsiasi momento, la pedalata diventa pesante e monotona, è tempo di cambiare il programma di lavoro. Può essere pure che quel giorno non si è in forma adeguata per l'allenamento stabilito. Allora meglio proseguire con una breve passeggiata e rimandare l'allenamento più duro a un altro momento.

Andare in bicicletta deve essere un divertimento, deve aiutare a vivere meglio, e non aggiungere stress, anche perché altrimenti, alle prime difficoltà, si tende a mollare.

Essere costanti nell'allenamento

La costanza è la chiave del successo e un buon programma di allenamento può portare a un progresso continuo della condizione fisica. Mentre vi allenate, il corpo si adatta e diventa più forte. Non appena interrompete l'allenamento, però, ciò che avete ottenuto inizia a venire meno: questo processo è conosciuto con il termine di "detraining". Sfortunatamente, la forma fisica si perde con più facilità di quanto non la si riesca a guadagnare, pertanto più tempo passate lontani dall'attività fisica, più lavoro dovrete fare per recuperare il livello di forma precedente. Per impedire il detraining, dovete essere costanti ed evitare lunghe pause tra un allenamento e l'altro. La maggior parte di noi ha tante responsabilità – il lavoro, la famiglia, i viaggi e così via –, e la bicicletta, a volte, finisce in fondo alla lista. Essere consapevoli di quando le vostre responsabilità potrebbero distogliervi inevitabilmente dall'allenamento può aiutarvi a stendere un piano per mantenere almeno la forma fisica che avete. Se il vostro programma prevede un'uscita ogni tre o quattro giorni, provate a uscire almeno una volta in questo breve intervallo anche se il tempo scarseggia. Non appena avete la possibilità, riportate il vostro allenamento al livello precedente. Ricordate che maggiore è il periodo di sospensione e maggiore è la cautela che dovrete avere nell'aumentare l'allenamento dopo, per impedire danni o un eccessivo affaticamento.

Riposare ed evitare l'eccessivo affaticamento

C'è un momento in cui la foga dell'allenamento rischia di farvi sentire in colpa proprio quando vi state... riposando. Come se stare fermi fosse un'occasione perduta. Be' mettetela così: il riposo fa parte dell'allenamento.

In realtà, infatti, l'allenamento che fate danneggia i muscoli. Che ci crediate o no, subito dopo l'esercizio fisico siete più deboli. I miglioramenti che fate con il vostro programma si concretizzano quando riposate, dopo avere completato il lavoro in bicicletta: il corpo ripara i danni arrecati dall'allenamento e alla fine vi porta a un livello più alto. Questo processo, su cui torneremo più avanti, è chiamato "adattamento".

Inoltre tenete conto che quando si è magri e in forma si è più soggetti a prendere qualche malanno perché le difese immunitarie sono più basse. Guardate i corridori professionisti come si cambiano subito appena finita una gara o una tappa.

Qui di seguito vi diamo alcuni suggerimenti per riposarvi in modo adeguato:

- ascoltate il vostro corpo e se vi sentite stanchi prendetevi una pausa;
- andate a letto e svegliatevi allo stesso orario ogni giorno (anche nel fine settimana);
- dormite in una stanza buia, silenziosa, fresca e ben ventilata;
- evitate di assumere eccitanti come la caffeina nelle ore che precedono il sonno;
- evitate gli alcolici e i pasti abbondanti prima di andare a dormire.

Un sovraccarico di allenamento si verifica quando il riposo non riesce a tenere il passo con il carico di lavoro fisico. Se non vi concedete il tempo sufficiente per recuperare, il fisico alla fine si logorerà e la forma peggiorerà. Fa comunque parte dell'allenamento applicare un carico di lavoro che affatichi il sistema corporeo. È persino normale che, a volte, vi sentiate già stanchi per l'esercizio precedente quando vi apprestate a fare un nuovo ciclo di allenamento. Tuttavia, dopo questi periodi di pesante carico di lavoro, dovreste pianificare nel vostro programma un tempo adeguato per riposare. È essenziale che la forza e la forma fisica aumentino durante il riposo, pertanto non dovrete sottovalutare i periodi di recupero: sono una parte importante e necessaria dell'allenamento.

Qui di seguito riportiamo alcuni segnali di eccessivo affaticamento:
- il ridotto rendimento in bicicletta;
- la difficoltà nel dormire;
- i battiti cardiaci accelerati quando vi svegliate al mattino;
- la scarsa motivazione;
- l'indolenzimento muscolare persistente;
- il battito cardiaco che non si alza a dovere durante l'allenamento.

Seguire una dieta appropriata

Come un'automobile ha bisogno di benzina per il proprio motore: il corpo umano ha bisogno di energia per alimentare i muscoli. E mentre per l'automobile la scelta del carburante è piuttosto obbligata, per il corpo umano si possono seguire diversi tipi di alimentazione. Una dieta sana fa sì che il corpo funzioni a dovere, per questo è importante mangiare prodotti freschi, carne magra, pesce, grassi insaturi e fonti di carboidrati complessi, come i cereali integrali: contribuiscono a mantenere un perfetto funzionamento dell'organismo. Molte diete consigliano di eliminare i carboidrati, ma è sbagliato: il corpo infatti li usa come risorsa energetica principale quando fate esercizio fisico. Oltre al glicogeno, che è la forma di deposito dei carboidrati, il corpo utilizza anche altre risorse energetiche alternative, come grasso e proteine. A seconda dell'intensità del vostro esercizio, l'ammontare di carboidrati, grasso e proteine che il vostro corpo utilizza per ricavare energia cambia.

In ogni caso tenete conto che avendo la fortuna di fare un'attività fisica sarà molto più facile mantenere il peso ideale e dimagrire. L'importante è, appunto, la qualità del cibo, senza necessità di mangiare meno. Potrebbe essere utile smettere di mangiare un attimo prima di essere sazi: la sensazione di sazietà, infatti, arriva con leggero ritardo rispetto all'esaurimento dell'effettivo bisogno di cibo. Meglio ancora sarebbe, anzi, mangiare poco ma spesso.

Una buona regola è iniziare con una sana colazione cercando di non esagerare con gli zuccheri semplici (la marmellata, ad esempio, è composta da zuccheri semplici) per evitare il picco glicemico. Io dico sempre che bisogna fare il fuoco con la legna e non con la paglia. Meglio usare il fruttosio e fare colazione con cereali, chiare d'uovo per le proteine e un po' di latte (se non si hanno problemi di digestione per questo elemento). Vanno bene anche le fette biscottate, un po' di miele e biscotti.

Per una dieta corretta i pasti devono privilegiare cibi molto nutrienti, come frutta, verdure, proteine magre, cereali integrali e grassi essenziali, perché sono i più efficaci per permettervi buone prestazioni e una buona salute. State lontani dai fast food e dai dolci ed evitate i carboidrati troppo raffinati e i grassi lavorati, ma non rinunciate ai carboidrati in generale. Infatti, contrariamente a quanto si legge su libri e giornali, i cibi che contengono carboidrati non sono da considerarsi nocivi: sono la principale fonte energetica per un esercizio fisico sostenuto. L'ideale sarebbe assumere un pasto con un elevato contenuto di carboidrati sani un'ora dopo aver fatto esercizio. Questo vi rifornisce di energia proprio quando il fisico è in grado di metabolizzare al meglio il cibo, e favorisce inoltre l'eliminazione del grasso.

Attenzione anche a come mangiate prima di una "granfondo". Spesso vedo che i ciclisti tendono a mangiare troppo non pensando che tutto il cibo in eccesso andrà ad accumularsi nel deposito dei grassi.

Ma non occorre aumentare la quantità di cibo: basta modificarne la tipologia, aumentando i carboidrati e diminuendo un po' le proteine.

Oppure si può prevedere un allenamento di una cinquantina di minuti a stomaco vuoto per costringere il fisico a produrre energia bruciando i grassi. Ad esempio ci si può allenare in questo modo in pausa pranzo (prevedendo sempre almeno 15 minuti di riscaldamento).

Mantenere l'idratazione

Non è una novità che il vostro corpo perde liquidi, e di conseguenza sali, quando fate esercizio fisico. Questa perdita riduce la prestazione fisica e, per evitare le insidie della disidratazione, dovete fare attenzione che i fluidi vengano reintegrati, badando però a non assumere troppi liquidi, per non rischiare la iperidratazione.

La disidratazione è data dall'eccessiva perdita d'acqua del corpo. Un adulto medio dovrebbe bere dai due ai tre litri di acqua ogni giorno. Anche le bevande energetiche a base di succhi e carboidrati sono eccellenti apportatori di idratazione. Con l'esercizio fisico, poi, la quantità di liquidi da assumere dovrebbe aumentare. La necessità varia con l'attività e l'età, ma la maggior parte delle persone attive ha bisogno del doppio di questa quantità basilare. In un giorno caldo, il bisogno può essere persino maggiore.

Mentre pedalate sarebbe consigliabile bere liquidi che sostituiscano parte dello zucchero (carboidrati) che state bruciando. Ci sono sul mercato molte marche di bevande sportive, tutte piuttosto efficaci. Una buona regola di base mentre pedalate è bere almeno una bottiglia di 0,35 litri ogni ora. Se fa caldo, aumentate il consumo fino a una bottiglia e mezzo ogni ora. Anche una volta scesi dalla bicicletta continuate a idratarvi perché le prime ore che seguono l'esercizio fisico sono le più importanti per ricostituire i fluidi persi.

Pensate che Lance Armstrong ha rischiato, nel 2003, di perdere il suo quarto Tour de France proprio per aver trascurato di idratarsi correttamente durante una tappa. Alla fine della prova aveva perso oltre cinque chili di peso e gli ci vollero diversi giorni per recuperare, con il rischio di essere tagliato fuori dalla lotta per la maglia gialla, simbolo del vincitore del Tour.

Per vedere se siete idratati a sufficienza è consigliabile controllare sempre il peso corporeo. Pesatevi prima e dopo l'esercizio. Per ogni mezzo chilo perso durante l'allenamento, dovrete assumere circa mezzo litro d'acqua. Se non bevete abbastanza potreste facilmente perdere il 3 per cento del vostro peso corporeo durante un'escursione lunga con un clima particolarmente caldo. Quando siete disidratati la vostra performance si riduce in maniera significativa. La perdita del 5 per cento del peso corporeo può ridurre il vostro rendimento del 10-20 per cento. Se poi perdete più del 3 per cento del vostro peso corporeo, potete incorrere in conseguenze serie; se la perdita sale al 7 per cento potrebbe rendersi necessario il ricovero in ospedale. Le persone perdono fluidi con un tasso diverso le une dalle altre. Non fate riferimento ai vostri compagni di pedali per bere, fatelo tutte le volte che ne sentite il bisogno.

Può tornare utile anche bagnarsi con acqua fresca: serve a ridurre la temperatura. Alle Olimpiadi di Pechino lo svizzero Fabian Cancellara è partito con un giacchino ghiacciato proprio per tenere bassa la temperatura nel clima caldissimo di quella giornata.

Per stabilire il livello di idratazione, un semplice modo potrebbe essere quello di prestare attenzione a quanto spesso urinate durante il giorno e al colore dell'urina. Se la quantità inizia a diminuire o l'urina diventa di una tonalità giallo scuro, avete bisogno di più acqua (ricordate che anche gli integratori vitaminici possono rendere più scura l'urina). Tenete a mente che la sete è un segnale tardivo di disidratazione e non potete farvi affidamento per stare al passo con la perdita dei fluidi. Altri sintomi di disidratazione comprendono le vertigini (in particolare quando vi alzate in piedi da posizione seduta), la bocca arida, i crampi muscolari e il mal di testa.

Sebbene sia importante rimanere ben idratati durante l'attività fisica, non eccedete. Bere troppi liquidi potrebbe far scendere il livello di sodio nel sangue al di sotto del normale, una situazione detta "iponatriemia". Poiché il corpo assume liquidi in eccesso, il sangue si diluisce. Questo fa sì che i liquidi passino dal sangue alle cellule vicine, comprese quelle cerebrali. Il risultato è un rigonfiamento del cervello. I primi sintomi di eccessiva idratazione comprendono lo stato confusionale, la letargia, la nausea, il vomito e i crampi muscolari. Sintomi molto simili a quelli relativi allo stato di disidratazione.

I concetti dell'allenamento

Prima di iniziare un programma di allenamento è bene sapere qualche concetto elementare, essenziale per creare un programma personalizzato e migliorare velocemente ed efficacemente la forma fisica e i risultati. Innanzi tutto l'approccio deve essere orientato al raggiungimento di uno scopo, riconoscendo l'individualità dei punti di forza e dei punti deboli, lasciando spazio all'adattabilità, determinando il carico di lavoro e tenendo in considerazione la periodizzazione.

Importantissima, poi, è la gradualità dell'allenamento: i cambiamenti fisici di adattamento allo sforzo avvengono lentamente ed è inutile forzare le situazioni, si rischierebbe solo di cercarsi dei problemi.

Obiettivi

Il primo fattore fondamentale per un programma di allenamento di successo consiste nel porsi degli obiettivi. Ricordate il primo punto della nostra filosofia di allenamento: allenatevi con efficacia tenendo ben presente l'obiettivo di ogni esercizio. Indipendentemente dal vostro livello di forma fisica, l'obiettivo potrebbe essere acquisire la capacità di pedalare per un'ora senza fermarvi, portare a termine un percorso di 100 km, ridurre sempre di più il tempo impiegato per completare una salita, perdere peso o partecipare a una gara. Una volta raggiunto, fissatene uno nuovo su cui concentrare il vostro allenamento. Questo sistema, oltre a motivarvi, porta anche a risultati tangibili nel tempo.

Prima di partire con l'allenamento, definite il vostro livello di forma fisica, così da stabilire obiettivi ragionevoli, e valutate la vostra motivazione e i vostri obiettivi per dare una direzione precisa al vostro programma.

Ponetevi obiettivi che siano impegnativi fisicamente, ma pur sempre raggiungibili. Diversificateli in: a breve, a medio e a lungo periodo. Trascriveteli su un diario di allenamento per aumentare il vostro senso di responsabilità e rifletteteci mentre pedalate. Così facendo, porrete maggiore attenzione nel vostro allenamento e otterrete il miglior risultato possibile per i vostri sforzi.

Mantenere un intervallo tra i 90 e i 110 RPM lungo tutto il percorso di un'escursione, o una pedalata regolare e omogenea, o un certo battito cardiaco in un lasso di tempo predefinito; migliorare il tempo personale su una salita che già conoscete; partecipare a una gara locale oppure, se siete più esperti, a una gara cicloamatoriale; vincere un campionato nazionale. In quanto a obiettivi, le possibilità sono praticamente infinite. Una volta che ne avete raggiunto uno, esaminate il livello della forma fisica. Durante l'allenamento dovreste sempre puntare in avanti e usare le informazioni ottenute dal vostro esame per prefissarvi un nuovo obiettivo su cui lavorare. Magari è il momento di provare a salire nella vostra categoria di gara o di partecipare a eventi più impegnativi e importanti.

Stabilire degli obiettivi anche a breve termine è il modo migliore per rendere gradevoli gli allenamenti. Io, ad esempio, non amo correre a piedi, ma pormi come obiettivo la partecipazione alla Maratona di New York mi è servito per rispettare il programma di allenamento senza soffrire troppo.

Individualità

Ogni atleta è differente da tutti gli altri e necessita di un suo programma specifico di allenamento. Diversamente da quanto si crede comunemente, i ciclisti professionisti passano la maggior parte del tempo dedicato all'allenamento da soli perché ognuno segue un proprio programma, anche se magari cercano di organizzarsi in modo da fare insieme alcuni esercizi specifici. Ma non sempre questo riesce.

Non solo, infatti, potreste avere punti di forza e debolezza diversi rispetto ai vostri compagni, ma potreste anche rispondere all'allenamento in maniera differente. Non ha senso, pertanto, seguire lo stesso programma di un altro: è meglio fissare l'attenzione sul vostro e sui vostri obiettivi.

Si possono stabilire diversi programmi di allenamento in base agli obiettivi prefissati, al livello di forma fisica, e al tempo che potrete dedicare alla preparazione. Se non siete corridori professionisti, il ciclismo deve essere soprattutto un divertimento ed è giusto dedicargli il tempo che ritenete più opportuno senza strafare. È molto importante non esagerare nelle prime uscite, sebbene, grazie all'entusiasmo, si sente meno la fatica: basta avere un cardiofrequenzimetro per accorgersi di come le pulsazioni (e quindi lo sforzo) salgano rapidamente anche solo affrontando un cavalcavia. Per questo è opportuno anche scegliere con cura i compagni di ruota per le prime uscite.

Io, nelle prime uscite dopo lunghe pause, quando riprendevo ad andare in bici regolarmente, badavo a non superare mai le 165 pulsazioni al minuto (avendo un massimale di 187 battiti).

Io sono stato uno dei primi ciclisti a utilizzare il cardiofrequenzimetro. Era il 1985 e correvo con la Santini Krups Conti Galli. Quando facevamo i ritiri per allenarci insieme a tutta la squadra, seguivo con attenzione l'andamento delle pulsazioni e, per non far salire troppo i battiti del cuore, mi staccavo prestissimo durante le salite. Quando sono iniziate le gare, però, mi sono trovato avvantaggiato. Al Giro di Sicilia ero l'unico della mia squadra a riuscire a restare con i primi.

Adattamento

Il sistema cardiorespiratorio è formato da cuore, polmoni e sistema vascolare (vene e arterie): il sangue è il veicolo che fornisce al corpo l'ossigeno e gli elementi nutritivi necessari. Mentre vi allenate, il vostro sistema cardiorespiratorio rilascia con maggiore intensità queste sostanze. Con il tempo, sarete in grado di fornire ai muscoli sangue più ricco di ossigeno e più rapidamente, il che comporta risultati e una forma fisica migliori. La condizione del sistema cardiorespiratorio determina la capacità aerobica: quanto più questa è grande, più a lungo e più intensamente potrete pedalare.

Il corpo umano riesce a mantenere un equilibrio stabile nonostante il variare delle condizioni. Questa capacità è detta "omeostasi". Ogni volta che fate esercizio, create dello stress che "mette in allarme" il corpo, il quale risponde adattandosi allo stress in modo tale che la volta successiva non si crei più il medesimo shock. Se però continuate a somministrare stress al corpo aumentando gli esercizi, alla fine sarete esausti. Per prevenire la spossatezza per l'eccessivo allenamento, dovete riposare dopo ogni seduta stressante.

Le variabili del carico di lavoro fisico

Il carico di lavoro, detto anche "volume di allenamento", è la quantità di stress che trasmettete al corpo mentre vi allenate. Potete variare il carico di lavoro aumentandolo o riducendolo in tre modi: frequenza delle uscite, durata e intensità. Diamo un'occhiata a ciascuna di queste variabili.

Frequenza delle uscite

È facile comprendere che, quanto più spesso pedalate, maggiore sarà lo stress per il fisico. Pedalare per cinque giorni alla settimana è più difficile che pedalare per tre giorni se le altre due variabili del carico di lavoro si mantengono costanti. A volte, la frequenza delle uscite può non essere importante quanto la durata o l'intensità. Potete usare questo a vostro vantaggio, per assecondare gli impegni della vita quotidiana. Se siete nell'impossibilità di pedalare per più di tre giorni alla settimana a causa del lavoro o degli impegni di famiglia, adattando le altre due variabili potete modificare il vostro carico di lavoro per ottenere il risultato desiderato.

Spesso i cicloamatori si trovano nella necessità di concentrare l'attività ciclistica nel fine settimana, ma dosando la durata e l'intensità delle uscite, possono riuscire comunque a ottenere buoni risultati nelle manifestazioni amatoriali. Ovviamente, questo tipo di allenamento non può essere sufficiente per un corridore che punti a obiettivi di prestigio nelle competizioni di alto livello. Ma per un cicloamatore può significare togliersi diverse soddisfazioni senza sacrificare il lavoro, la famiglia o altro.

Durata

Più a lungo dura la pedalata, più consistente diventa, ovviamente, il carico di lavoro fisico. Se siete abituati a tragitti di uguale intensità, una pedalata di due ore, ad esempio, sarà più difficile di un'uscita di un'ora.

Ma non si deve pensare di sostituire con un'unica uscita di sei ore nel fine settimana le tre uscite infrasettimanali da due ore. I risultati non sarebbero gli stessi perché una pausa troppo lunga tra un'uscita e l'altra porterebbe, inevitabilmente, a perdere gli effetti dell'allenamento.

Tuttavia, se si prevede una settimana particolarmente difficile in cui andare in bici non sarà possibile, si potrà compensare il calo nel carico di lavoro aumentando la durata degli allenamenti negli altri giorni.

Intensità

L'intensità corrisponde all'effettiva fatica che si prova quando si è in bicicletta. Fra le tre variabili proposte è quella che risulta più difficile da ottimizzare. Spesso si cade nell'equivoco che per realizzare un buon carico di lavoro sia necessario massacrarsi per tutta la pedalata. Niente di più sbagliato. L'intensità dell'esercizio è solo una parte dell'allenamento che va combinata con gli altri fattori per ottenere il miglior risultato possibile.

Il livello di intensità che raggiungete durante il carico di lavoro è spesso riferito a una precisa fase del programma. A seconda dell'equipaggiamento di misurazione a vostra disposizione, queste rilevazioni possono basarsi su tre diversi parametri – lo sforzo percepito, il battito cardiaco e la potenza espressa –, che possono essere utilizzati separatamente o in combinazione. Questi parametri consentono agli atleti di tutti i livelli di fondare il loro allenamento sugli stessi principi.

Analizziamo singolarmente i tre parametri presi in considerazione.

1 – LA MISURAZIONE DELLO SFORZO PERCEPITO (MSP)

Le numerose misure dell'intensità disponibili si basano tutte sullo stesso principio: quantificare l'intensità del vostro lavoro basandovi su quanto faticosa vi sembra la pedalata.

La difficoltà di questo parametro è nel poter individuare una misurazione quanto più univoca e non soggetta allo stato (anche psicologico) del momento. In momenti particolarmente positivi lo sforzo può pesare meno che in altre occasioni e la valutazione che ne deriva può risultare distorta. Dovete fare molta attenzione nell'utilizzare questo parametro, soprattutto se non avete esperienza di allenamento o ne avete poca. Uscire con gli amici in una bella giornata di sole è certo più entusiasmante che pedalare da soli al freddo. E imparare ad ascoltare il proprio corpo senza distorsioni non è così immediato. Ci vuole molta esperienza.

Il consiglio è di utilizzare una scala da 1 a 10 per valutare l'intensità percepita dello sforzo fisico. Considerate il 10 come lo sforzo più violento che possiate sostenere (ovviamente solo per pochi secondi). Il valore di 10 punti, ad esempio, si può raggiungere durante uno sprint o su una salita corta ma piuttosto dura. Al contrario, una pedalata con intensità di sforzo 1 sarà un ritmo molto blando: poco più di una passeggiata in cui si chiacchiera tranquillamente con gli amici prendendosela comoda.

2 – LA FREQUENZA CARDIACA

Negli anni Ottanta fu Francesco Moser a portare nel ciclismo l'idea di controllare la frequenza cardiaca. Il corridore trentino stabilì un favoloso Record dell'Ora e vinse il Giro d'Italia del 1984 proprio impostando la sua preparazione sui battiti cardiaci. E fu un'ottima intuizione, perché è il battito cardiaco a darci la misura dello sforzo che il fisico esprime.

Ormai il cardiofrequenzimetro non è più uno strumento riservato a chi fa preparazioni speciali. È possibile trovarne a costi molto contenuti in tutti i negozi sportivi. Grazie a questo strumento si può misurare la fatica a prescindere dalle sensazioni del momento, ma anche capire se si sta sbagliando qualcosa nei ritmi di lavoro e a riposo.

Il battito cardiaco si misura in pulsazioni per minuto. A seconda dell'intensità della frequenza cardiaca di allenamento si va a migliorare un diverso sistema di produzione di energia. Ad esempio, tra il 60 e il 70 per cento della frequenza cardiaca massima (FCM) si va ad allenare la resistenza e a perdere la massa grassa. Tra il 75 e il 90 per cento della FCM si va a migliorare la zona aerobica. A intensità superiori si va ad allenare la zona della soglia anaerobica.

3 – LA POTENZA

Misurare la potenza spesso è una prerogativa della preparazione dei corridori professionisti. Gli strumenti utilizzati per questo tipo di misurazione sono molto costosi, come abbiamo visto, per cui non dovete sentirvi obbligati a utilizzare necessariamente questo metodo.

La potenza, misurata in watt, è l'espressione più diretta dell'intensità dell'allenamento. Anche più del cardiofrequenzimetro, poiché può variare persino di parecchio in brevi tratti di strada (basta smettere di pedalare oppure stare a ruota per notare differenze notevoli).

Misurando il momento della forza sul braccio della pedaliera o nel mozzo, il misuratore di potenza può determinare quanto lavoro (espresso in kjoule) avete svolto. Applicando un'equazione matematica abbastanza semplice, potete contare le kcalorie partendo dai kjoule. Per semplificare ancora di più le cose, questa equazione grossomodo mostra che, per un ciclista, un kjoule equivale a una kcaloria.

Tuttavia, poiché questo libro non è rivolto direttamente ai corridori professionisti, i carichi da determinare per l'esercizio fisico che tratteremo saranno in base alla frequenza cardiaca e allo sforzo percepito. Per chi è provvisto di un misuratore di potenza, mostreremo come determinare la produzione di potenza alla soglia anaerobica per poi applicare queste cifre ai carichi di esercizio.

Questi tre parametri, usati insieme, danno un'indicazione diretta dell'adattamento corporeo. È possibile, comunque, utilizzarli anche da soli. È ovvio che utilizzarli contemporaneamente permette di avere valutazioni molto più precise.

Fasi di allenamento

Il ciclismo moderno si è trovato di fronte a una quantità notevole di competizioni. E i corridori, anche i campioni, hanno dovuto spesso fare delle scelte nette per i loro obiettivi giacché è praticamente impossibile fare tutta la stagione ad altissimi livelli. Indurain e Armstrong sono due esempi, a volte anche criticati per questo, di come lavorare con pochi obiettivi ma ben definiti. E i risultati, comunque, hanno dato loro ragione.

Dividere l'allenamento in fasi permette di ottimizzare ogni periodo della preparazione in modo da perfezionare il risultato finale. Il programma completo è l'esito delle varie fasi opportunamente stabilite in base al procedere della forma fisica.

Un programma di allenamento, di solito, viene stabilito in base, appunto, al risultato che si vuole ottenere. Quali sono gli obiettivi fondamentali da perseguire?

Partendo dall'obiettivo, si possono creare delle fasi di allenamento incentrate su aspetti specifici degli obiettivi preposti. Che si tratti di aumentare la resistenza, innalzare la soglia anaerobica o incrementare lo sforzo massimale (un argomento che affronteremo più avanti), il programma aiuterà a lavorare per raggiungere l'obiettivo di allenamento. Ogni cosa è finalizzata a questo obiettivo. Lo scopo del programma suddiviso in fasi è quello di passare da uno stato di salute fisica medio a uno massimo, rispetto all'obiettivo o all'evento predeterminato.

Un adeguato programma diviso in fasi funziona basandosi sull'idea di gerarchia. Ogni giorno fa parte di ogni settimana, che a sua volta fa parte di ogni mese e così via. Poiché non tutti gli allenamenti rientrano semplicemente nel programma definibile da un calendario, il programma viene suddiviso in diversi cicli di allenamento gli uni compresi negli altri, così come i giorni sono compresi nelle settimane, che a loro volta sono comprese nei mesi.

Il più piccolo dei cicli di allenamento è chiamato microciclo. Questo è dato da un intervallo compreso tra due e sette giorni. Diversi microcicli, posti uno dopo l'altro, creano un mesociclo, che solitamente varia da due a sei settimane. Una serie di mesocicli in un programma di allenamento fisserà il macrociclo, che è il periodo di allenamento più ampio. Questo è il vostro piano complessivo. Per chi gareggia, il macrociclo comprende l'intera stagione. Tenete a mente che il piano di allenamento di ogni ciclo, che sia un microciclo o un macrociclo, consiste nel sovraccarico di esercizio fisico, nel riposo e nel raggiungimento dell'obiettivo o gara. La lunghezza di ciascun ciclo di allenamento varia a seconda del livello di salute fisica di partenza e degli obiettivi generali che vi siete posti.

I cicli di un programma aiutano a stabilire gli obiettivi di allenamento. Un mesociclo può essere incentrato sull'aumento della resistenza; un altro, più avanti nell'anno, può essere incentrato sullo sviluppo della soglia anaerobica. All'interno di ogni mesociclo, diversi microcicli si incentrano su punti più sottili. Per esempio, durante un mesociclo legato alla resistenza, i primi microcicli potrebbero essere impostati sui lunghi tragitti, seguiti da un microciclo che comprende più giorni di riposo. I microcicli convergono verso i mesocicli, che convergono a loro volta verso il macrociclo. L'obiettivo generale è di stabilire una base e poi cercare una forma fisica più specifica e ragionata.

Un programma così strutturato comporta per il fisico periodi di stress seguiti da adeguati periodi di riposo. Ogni ciclo parte dal ciclo precedente. Con il tempo, il fisico si adatta allo stress e diviene più forte, più in forma e più veloce.

Nelle pagine successive potrete trovare carichi di lavoro e programmi da inserire nella vostra preparazione.

Per una preparazione efficace è bene stabilire un piano che, lentamente, progredisce verso l'obiettivo da raggiungere. Ogni ciclo di allenamento può essere inteso come a se stante, ma dovrebbe anche tendere verso il ciclo successivo. Quando i cicli vengono uniti, il programma di allenamento, passo dopo passo, prende forma.

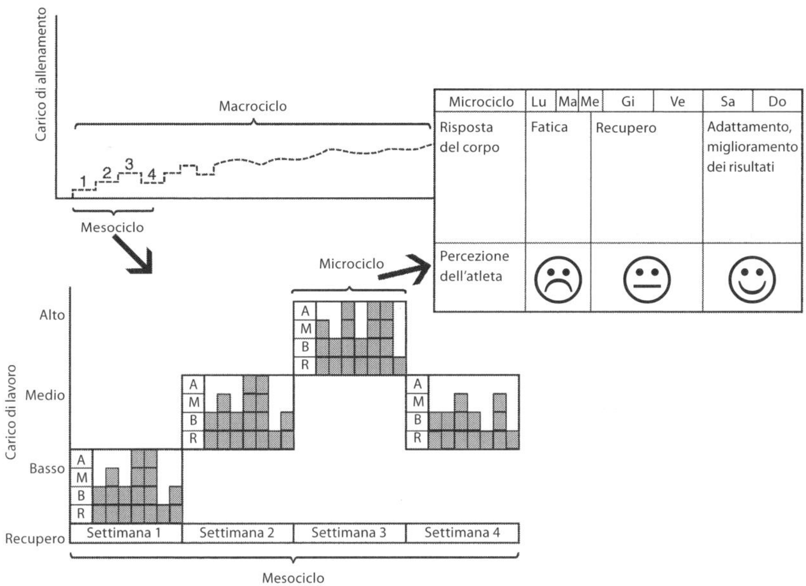

I programmi di allenamento sono suddivisi in vari cicli. Il ciclo più grande, il macrociclo, è suddiviso in diversi mesocicli, a loro volta suddivisi in microcicli. I microcicli sono i componenti più piccoli del vostro programma di periodizzazione. Nel grafico qui sopra sono riportate le rappresentazioni dettagliate di un mesociclo e dei microcicli.

Prendere nota dei chilometri e dei progressi fatti

L'attività del ciclista non è solo in bicicletta o facendo esercizi fisici. È molto utile tenere anche traccia del lavoro svolto. Compilare un diario dettagliato degli allenamenti e di come procede la condizione, serve a valutare la qualità dell'allenamento effettuato, ma anche a capire cosa avete sbagliato quando qualcosa non va per il verso giusto.

Per me è sempre stato utile avere un diario degli allenamenti soprattutto nei momenti più difficili, quando non riuscivo ad andare come avrei voluto. Nel diario spesso trovavo i motivi del mancato rendimento, e grazie a questo riuscivo a capire come reagire per recuperare in fretta gli errori commessi.

Sul vostro diario dovete annotare, naturalmente, quello che avete realmente fatto e non ciò che avevate intenzione di fare. Dopo un po' di settimane di esercizio, sarete in grado, ricontrollando il diario, di vedere come state progredendo. State seguendo il programma? Vi state affaticando troppo? Vi sentite più forti? Dopo avere preso nota dei progressi, riuscirete modificare le pedalate future e l'allenamento. Per esempio, se trovate che state costantemente ottenendo di più dagli allenamenti pianificati, potrete riadattare il successivo ciclo di preparazione per far sì che sia leggermente più difficile. Grazie al diario di allenamento, potrete raggiungere il primo punto della nostra filosofia di allenamento: allenarsi con efficacia. Se non tenete traccia del vostro carico di lavoro, potreste perdere l'opportunità di migliorare la forma fisica nella fase successiva.

Potete usare un semplice quaderno, anche se alcuni scelgono un'agenda, mentre altri preferiscono sfruttare il computer, magari partendo da un semplice foglio di calcolo. L'evoluzione della preparazione mette anche a disposizione dei ciclisti alcuni software che consentono di tenere traccia delle uscite in bici annotando diverse informazioni che poi possono essere visualizzate con grafici e sistemi che ne permettono un'analisi accurata sotto vari aspetti.

Il programma di allenamento stesso può funzionare come diario, anche se il diario può essere tenuto a parte: entrambi i sistemi funzionano a dovere. Io, ad esempio, annotavo anche i tempi impiegati su determinate salite e i rapporti utilizzati.

Dovreste prendere nota ogni giorno delle informazioni essenziali, che saranno diverse a seconda che usiate un diario semplice o un diario avanzato. Nel primo prendete nota di pochi parametri basilari: come vi sentite (felici, tristi, motivati e così via), il tipo di pedalata che avete fatto, la distanza percorsa, l'intensità in MSP e il livello di fatica prima e dopo la pedalata. La fatica, come abbiamo detto, può essere misurata in una scala da 1 a 10: un livello di fatica 1 significa che vi sentite benissimo, riposati, in forma e pronti ad affrontare il mondo; il livello 10 significa che siete esausti, riuscite a malapena ad alzarvi dal letto. Se utilizzate il cardio, segnatevi le informazioni circa l'andamento delle pulsazioni: molti strumenti hanno la possibilità di memorizzare il tempo trascorso al di sopra o al di sotto di frequenze cardiache preimpostate, e sono anche in grado di segnare il picco massimo raggiunto dal cuore. Nel diario di allenamento, potete anche tenere traccia degli obiettivi e dei progressi.

Per tenere un diario di allenamento avanzato ci vogliono tempo, strumenti e fatica. Alla fine, però, imparerete di più e sarete in grado di adattare i programmi di allenamento futuro sfruttando le informazioni raccolte. Se siete proprio agli inizi nella pratica del ciclismo, il diario essenziale vi offre informazioni adeguate per monitorare e migliorare il vostro allenamento, ma se siete più esperti, di sicuro vorrete usare un diario un po' più complesso, in cui potere anche includere la velocità media e la cadenza di pedalata. Se siete provvisti di un misuratore di potenza, prendete nota della potenza massima, media, del lavoro totale in kjoule e delle calorie spese in ciascuna seduta di allenamento. Poiché il riposo è importante, includete il numero delle ore di sonno giornaliere. Annotate anche brevi commenti su che cosa reca stress nella vostra vita e ciò che sta accadendo al di fuori del ciclismo. Infine, sia che stiate tenendo un diario semplice sia che si tratti di uno complesso, scrivete quali sono i vostri obiettivi nel ciclismo e i vostri progressi. Questo registro può servire come stimolo e soddisfazione ulteriore per il programma di allenamento.

Oltre a prendere nota dei vostri progressi, il diario vi aiuta anche a regolare l'allenamento in modo che siate al massimo della forma. Il vostro intero programma di allenamento è finalizzato a raggiungere la forma migliore per lo scopo primario che avete prefissato all'inizio. Dopo un po' di mesi di ciclismo, sarete sicuramente in una forma migliore di quando avete iniziato. Nel linguaggio di chi si allena, questo si definisce come "progressione" ed è il risultato di un programma ben pianificato. Quando ripercorrete a ritroso il diario di allenamento, vedrete che il fisico attraversa alcuni cicli. Aumentando il carico di esercizio, anche la fatica aumenta. Quando diminuite il vostro carico di lavoro dopo un intenso periodo di allenamento, la fatica inizia a scendere e la forma fisica a migliorare. Se riportate in un grafico la forma fisica e la fatica, noterete due linee che oscillano in maniera sinusoidale (grafico a p. 87). Come per le onde dell'oceano, ci saranno picchi e avvallamenti.

Lo scopo è quello di adattare l'allenamento affinché il livello di fatica si avvicini a un avvallamento mentre il livello di forma fisica sia un picco nel periodo del vostro obiettivo fondamentale. Questa è l'idea che sta dietro il raggiungimento della forma perfetta per un evento o un obiettivo. I corridori professionisti, con i loro preparatori, programmano le varie fasi che portano all'evento designato facendo in modo che il picco di forma fisica vada a coincidere proprio con il momento della gara cui puntano maggiormente. E i risultati, spesso, danno loro ragione.

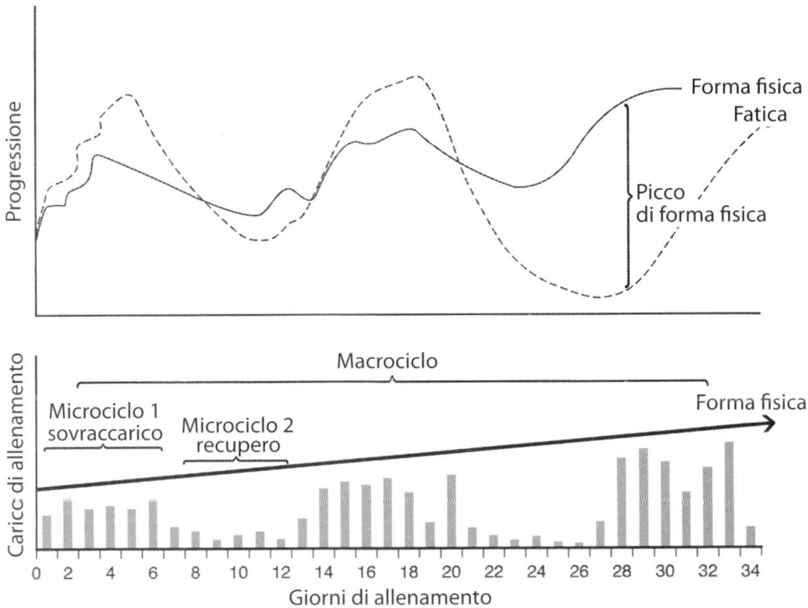

Quello che vedete alla pagina seguente è un esempio di come potete creare il vostro diario di allenamento. Ovviamente abbiamo inserito un elenco piuttosto completo di voci. A seconda di quali sono i vostri obiettivi di preparazione potrete trascurare o prendere in considerazione le voci che ritenete più opportune per avere traccia del progredire della preparazione.

Diario di allenamento

Data ____________

Come mi sento oggi ____________________________

Ore di sonno ______ Battito cardiaco al mattino ____

Elementi di stress nella mia vita ___________________

____

Livello di fatica prima della pedalata (1-10) _________

Tipo di pedalata _______ Percorso _______________

Tempo _______________ Distanza _______________

Intensità _____________

Velocità media ________ Cadenza media __________

Battito medio _________ massimo _______________

Potenza media ________ massima _______________

Lavoro in kjoule _______ Calorie _________________

Tempo in ciascuna zona di allenamento _____________

____

Livello di fatica dopo la pedalata (1-10) _____________

Obiettivi ______________________________________

____

Progresso verso il raggiungimento dell'obiettivo _____

____

____

Capitolo 4

Valutare la forma fisica

Il ciclismo è uno sport fantastico per la salute cardiovascolare. Sia che abbiate intenzione di gareggiare, sia che, semplicemente, vogliate pedalare per tenervi in forma, i benefici alla salute saranno molti. Prima di salire in bicicletta, comunque, assicuratevi con il vostro medico di essere in grado di gestire lo stress aggiuntivo che questo tipo di esercizio fisico comporta. All'inizio del programma di allenamento, abbiate calma e aumentate nel tempo la frequenza, l'intensità e la durata.

È importante che sin da subito conosciate il vostro livello di forma fisica per sfruttare con correttezza l'allenamento. Ogni sport richiede l'uso di specifici gruppi muscolari e l'assunzione di posizioni particolari: il ciclismo non fa certo differenza. Anche se si viene da altri sport praticati ad alto livello, è essenziale che il fisico abbia il tempo per adattarsi al ciclismo.

All'inizio, le spalle, il collo, le natiche e le gambe potrebbero indolenzirsi proprio perché si chiamano in causa muscoli diversi. Trovare una posizione corretta, come spiegato nel capitolo 2, aiuterà a ridurre questo tipo di dolori, ma è bene prevedere una fase iniziale di assestamento.

L'altezza della sella, in particolare, la lunghezza del tubo superiore e l'attacco manubrio, sono fattori cui bisogna prestare la massima attenzione. Dopo un paio di settimane di uscite in bici regolari, i problemi dovrebbero sparire. Se questo non avviene c'è forse da rivedere qualcosa nella posizione in sella. Particolare attenzione va posta anche alla sistemazione delle tacchette: infatti, se il piede non è correttamente allineato sul pedale, la trasmissione della forza avverrà in maniera inappropriata con conseguenze molto fastidiose.

Tenete conto che il corpo umano è dotato di una straordinaria capacità di adattamento, per cui è bene verificare le cause di eventuali fastidi persistenti.

Per definire il livello di forma fisica per il ciclismo e le zone adatte di allenamento ci sono alcuni parametri fondamentali, come il numero massimo di battiti cardiaci, la potenza aerobica VO_2max e la soglia anaerobica. Gli atleti di alto livello misurano questi parametri in laboratorio con macchinari complicati ed esami del sangue. Per fortuna, però, ci sono anche tecniche più semplici che possono dare un'idea del vostro livello di forma fisica. Questo capitolo si occupa di questi parametri e di come potete misurarli da soli. Una volta disponibili queste informazioni, si potrà elaborare il programma di allenamento personalizzato.

Il numero massimo di battiti cardiaci

Il numero di battiti cardiaci si riferisce al numero di volte in cui il cuore si contrae in un minuto. Il battito cardiaco aumenta proporzionalmente all'aumentare dell'intensità di un'attività. Via via che il carico di lavoro cresce, il cuore raggiungerà un numero massimo di battiti; oltre questo punto, un aumento del carico di lavoro non comporterà più un aumento del battito cardiaco.

Il numero massimo di battiti cardiaci consente di quantificare il "tetto", o sforzo massimale, in modo da basare così l'intensità dell'allenamento proprio su una percentuale del numero massimo di battiti cardiaci. Se non si dispone di un cardiofrequenzimetro, è sempre possibile valutare l'allenamento basandosi sullo sforzo massimo e usando la misura dello sforzo percepito (MSP). Quando misurate il numero massimo di battiti cardiaci, indirettamente misurate il tetto massimo della performance del vostro fisico. Alcuni test di laboratorio possono determinare direttamente le prestazioni massimali di un atleta: il tasso massimo di consumo di ossigeno, o VO_2max. Anche se, per allenarvi usando questo libro, non avete bisogno di conoscere il vostro vero VO_2max, un'ulteriore spiegazione del termine aiuterà a comprendere la fisiologia del corpo e la sua relazione con il numero massimo dei battiti cardiaci.

VO_2max è la massima quantità di ossigeno che il corpo può usare durante un breve periodo di esercizio intenso. Il corpo umano usa l'ossigeno per trasformare il cibo in energia; pertanto, più ossigeno riuscite ad assumere e a utilizzare, maggiore sarà l'energia, la forza o la velocità che riuscirete a generare. VO_2max definisce le dimensioni della resistenza del "motore" dell'atleta, che determina il limite superiore della sua performance. Alcune ricerche hanno dimostrato che il VO_2max è uno dei più importanti rivelatori di performance negli sport di resistenza, come il ciclismo, il triathlon, la maratona e lo sci di fondo. Sfortunatamente, scoprire il prossimo vincitore del Giro d'Italia non è così semplice come trovare la persona con il più alto VO_2max. L'abilità nell'ottenere risultati nelle gare dipende anche da altri fattori come la soglia anaerobica, un adeguato punto massimo raggiunto, la nutrizione, la forza mentale e la tattica.

Per comprendere meglio il VO_2max si può fare il paragone di due automobili: una Formula Uno e una berlina. La Formula Uno è dotata di un motore potente (VO_2max alto), mentre la berlina, in proporzione, avrà un motore molto più piccolo (VO_2max basso). Se fossero in gara una contro l'altra, quale vincerebbe?

Dipende dal tipo di gara.

Su un percorso relativamente breve la Formula Uno avrebbe di sicuro la meglio grazie al motore più potente, ma se si facesse una gara di lunga distanza probabilmente la berlina ne uscirebbe meglio perché in grado di tenere la sua velocità per tempi molto più lunghi di quanto non possa fare una Formula Uno con la sua pur enorme potenza che le dà indubbi vantaggi negli scatti.

Perché la berlina è più adatta alle gare lunghe? Ne parleremo più avanti quando diremo della soglia anaerobica.

Come potete misurare il VO_2max sul campo? Sfortunatamente può essere misurato solo attraverso test di laboratorio. Tuttavia, quando raggiungete il numero massimo di battiti cardiaci, con molta probabiltà avrete raggiunto all'incirca anche il livello di VO_2max: il battito cardiaco vi fornisce una misurazione semplice e poco costosa su cui basare gli sforzi nel carico di lavoro fisico. Se volete conoscere il vostro VO_2max reale prenotate un test presso un centro sportivo, tenendo presente che la qualità varia da centro a centro. Sarebbe una buona idea fare una piccola ricerca prima di pagare per un test da 75 a 150 euro e oltre. Se non avete intenzione di fare questo tipo di test, potete comunque misurare il numero massimo di battiti cardiaci per conto vostro. Esistono numerosi metodi e molti di questi funzionano a dovere. Per semplicità ne spiegheremo due. Il primo consiste nel calcolare il numero massimo di battiti cardiaci: i risultati possono variare di molto usando questa tecnica, ma è semplice e veloce. Il secondo è il metodo di misurazione.

Le indicazioni seguenti vi aiuteranno a trovare il vostro numero massimo di battiti cardiaci (MaxHR) usando i metodi di calcolo e di misura.

Come trovare il vostro numero massimo di battiti cardiaci

1 – METODO DI CALCOLO

Potete usare una semplice equazione. Tra uomini e donne ci sono differenze fisiologiche, quindi vi indichiamo un'equazione per ciascuno dei due.

Donne: 226 - età = valore di MaxHR rispetto all'età Uomini: 220 - età = valore di MaxHR rispetto all'età

Per esempio, il numero massimo di battiti cardiaci in una donna di 35 anni si calcola come segue:

226 - 35 = 191 MaxHR.

Tenete conto che questo metodo è comunque molto approssimativo. Bugno e Chiappucci, tanto per citare due corridori molto forti del nostro ciclismo, pur essendo praticamente coetanei, hanno sempre avuto frequenze cardiache massime molto differenti: Chiappucci arrivava a 175 battiti, Bugno addirittura a 205.

2 – METODO DI MISURAZIONE

Per avere un valore più realistico, allora, non resta che affidarsi al metodo di misurazione. Si può andare in laboratorio, ovviamente, per la massima accuratezza, ma un buon risultato si può ottenere anche da soli pur con qualche accortezza.

Cosa serve

Trovate una porzione di strada che abbia pendenza costante (potrebbe essere pianeggiante o leggermente in salita). È possibile anche utilizzare un ciclosimulatore. Se avete un cardiofrequenzimetro consultate il relativo manuale per capire come registrare o controllare i valori. Seguite queste indicazioni per misurare la frequenza cardiaca massima:

1. mangiate due o tre ore prima del test;
2. assicuratevi che il cardio (se ne avete uno) funzioni a dovere;
3. andate nel luogo prescelto per il test;
4. fate riscaldamento per circa 15-20 minuti;
5. iniziate a pedalare a un passo moderato (fino al punto dove il fiato inizia a richiedere più sforzo);
6. aumentate la velocità di circa due chilometri orari ogni minuto;
7. pedalate molto velocemente e continuate finché non ce la fate più;
8. quando siete al massimo dello sforzo, prendete nota del battito cardiaco sul cardiofrequenzimetro. Se non ne avete uno, fermatevi immediatamente e controllate il battito con il polso.

Note

Quando siete al massimo dello sforzo, la misurazione manuale del polso si avvicina, in difetto, al numero massimo di battiti cardiaci. Questo avviene perché non appena interrompete l'esercizio il battito diminuisce lentamente. Tenete anche in considerazione la fatica percepita durante il test: questa dovrebbe corrispondere a 9-10 MSP.

Ora che conoscete il numero massimo di battiti cardiaci, potete applicarlo all'allenamento. Lo scopo primario è far sì che la soglia anaerobica aumenti in percentuale rispetto all'aumentare del numero massimo di battiti cardiaci. Questo significa che per un dato sforzo percepito e sostenibile produrrete più energia e la bicicletta si muoverà più velocemente. Il fisico si adatterà all'allenamento e avrete una forma migliore rispetto a quando avete iniziato. Ora che avete messo a posto il primo tassello – il numero massimo di battiti cardiaci – è tempo di passare alla parte davvero emozionante: la soglia anaerobica.

Soglia anaerobica

Il corpo, partendo da qualsiasi tipo di risorsa energetica iniziale – grassi, proteine o carboidrati – converte il cibo in adenosina trifosfato (ATP). L'ATP è la fonte energetica del corpo umano, è ciò che i muscoli usano come carburante per poter funzionare. Quando andate in bicicletta, i muscoli coinvolti si "accendono" e iniziano a contrarsi. Via via che l'intensità dell'esercizio cresce, più fibre muscolari devono contrarsi e, di conseguenza, sarà richiesta più ATP. Poiché i muscoli continueranno a lavorare solo fintanto che riceveranno un'adeguata somministrazione di energia, il corpo ha due sistemi fondamentali per assicurarsi un flusso costante di ATP: durante un esercizio di bassa intensità, in presenza di ossigeno, userà carboidrati e grassi per produrre ATP, secondo un procedimento che prende il nome di "metabolismo aerobico". Quando l'intensità cresce, il fisico inizia ad aumentare la produzione di ATP attraverso un altro sistema che non richiede la presenza di ossigeno: si tratta del cosiddetto "metabolismo anaerobico". È qui che entra in gioco l'acido lattico, l'indicatore della fatica muscolare. Il nostro corpo produce e rimuove acido lattico in continuazione durante la giornata, ma con l'aumentare dell'intensità dell'esercizio cresce anche la concentrazione di acido lattico nel sangue. Tuttavia, a livelli di fatica più alti, la produzione di acido lattico è più alta.

La chiave per ottenere ottimi risultati nello sport e nell'allenamento sta nel bilanciare il tasso di produzione di acido lattico con il suo tasso di assorbimento. Durante un esercizio moderato, il corpo può assorbire acido lattico più velocemente di quanto le cellule muscolari impieghino a produrlo, così la concentrazione di acido lattico nel sangue rimane bassa. Ma, a mano a mano che aumenta l'intensità del lavoro, il corpo perde la capacità di rimuovere l'acido lattico alla stessa velocità con cui lo produce. Questo punto è noto come "soglia anaerobica" (SA). Una volta che avete oltrepassato questa soglia, l'eccesso di acido lattico nel sangue interferirà con un'efficiente contrazione muscolare. Come risultato, l'esercizio ad alta intensità si interrompe: la vostra produzione di energia cala, il dolore aumenta e siete costretti a rallentare. Potrete sentire parlare anche di "soglia di lattato". Pur essendoci differenze sottili, potete considerare questi due termini come sinonimi.

La SA rappresenta il più alto livello di intensità di un esercizio che potete costantemente mantenere per più di 30 minuti. Ricordate l'analogia della Formula Uno con la berlina. Quest'ultima non avrà la coppia dell'auto da corsa, ma ha una migliore erogazione della potenza (soglia anaerobica) ed è in grado di vincere sulla lunga distanza.

Esercizio di allungamento dei muscoli adduttori. Mettetevi seduti a terra, piegate entrambe le gambe portando le piante dei piedi a contatto. Prendete le punte dei piedi con le mani e spostate i piedi facendoli scivolare verso il bacino, e contemporaneamente flettete il busto in avanti. Da questa posizione cercate di spingere le ginocchia verso terra.

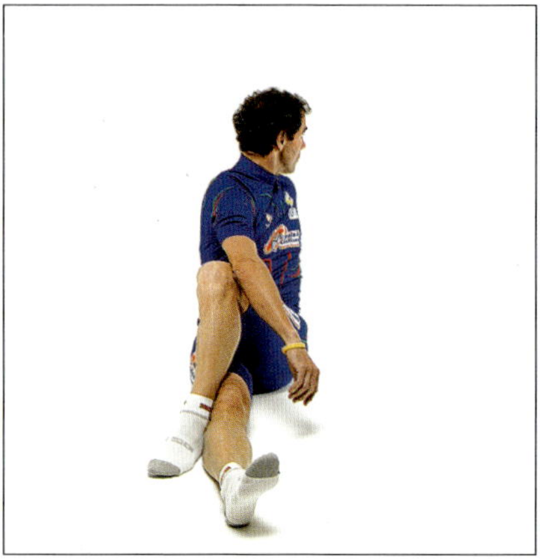
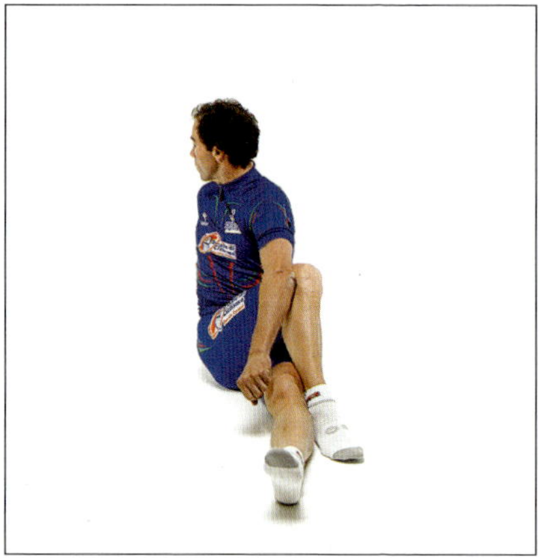
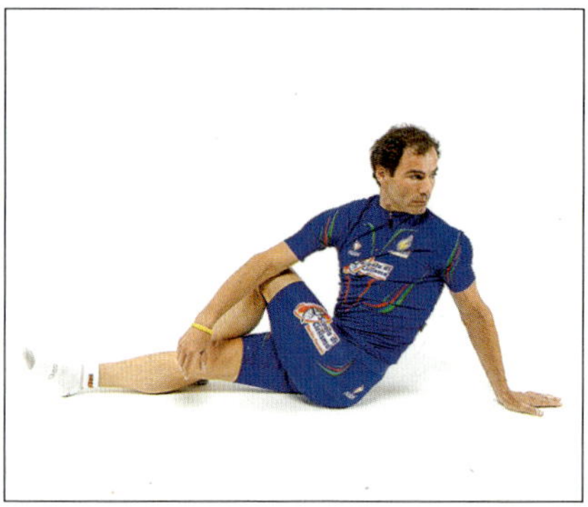

Esercizio di allungamento di anche, schiena e glutei. Sedete a terra con le gambe allungate di fronte a voi. Piegate la gamba sinistra, sollevate il piede sinistro oltre la gamba destra e poggiatelo a terra. Girate il torso verso sinistra e posizionate il palmo della mano sinistra a terra dietro di voi; ponete il gomito destro sul lato esterno del ginocchio sinistro. Tenete la posizione per circa 30-40 secondi e ripetete dall'altro lato.

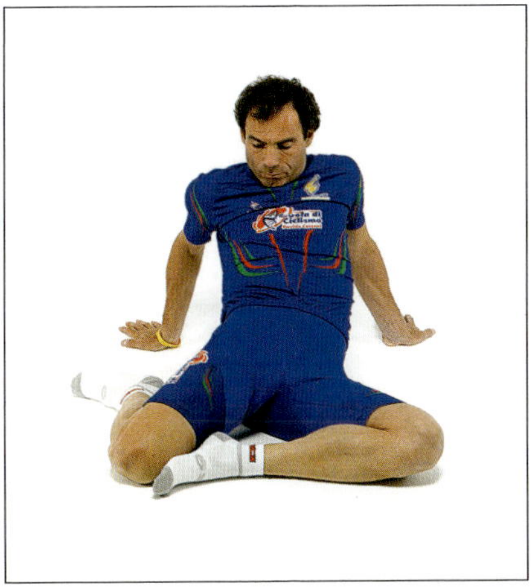

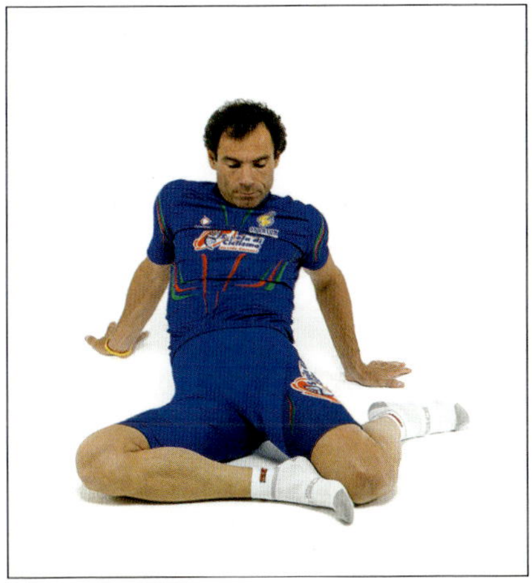

Con questo esercizio allungate i muscoli anteriori e laterali della coscia. Sedetevi a terra appoggiando i palmi dietro la schiena con le braccia leggermente piegate. Piegate la gamba sinistra tenendo il piede rivolto all'indietro con il ginocchio aderente al pavimento. Piegate la gamba destra, tenendola aderente al pavimento, portando la pianta del piede al ginocchio sinistro. Da questa posizione flettete il busto all'indietro cercando di tenere i glutei a terra.

Per allungare i muscoli dietro il ginocchio. Sedete a terra con entrambe le gambe allungate in avanti di fronte a voi. Piegate la gamba destra, con il ginocchio a terra e il piede destro che aderisce contro la parte interna della coscia sinistra. Piegatevi verso il piede sinistro cercando di toccarlo con le mani finché sentite tirare dietro la coscia. Se siete molto flessibili, sarete in grado di afferrare la caviglia sinistra con le mani e tirare, aumentando l'allungamento. State attenti a non tendere troppo i muscoli dietro il ginocchio. Tenete la posizione per circa 30-40 secondi. Ripetete con l'altra gamba.

Per allungare la muscolatura anteriore delle gambe, le ginocchia, la schiena, le caviglie, i tendini d'Achille e tutta l'area inguinale. Dalla posizione eretta portatevi in massima accosciata con le piante dei piedi che aderiscono completamente al pavimento e le punte rivolte verso l'esterno, i talloni dovranno distare tra di loro di circa 30 centimetri, le ginocchia devono essere allineate sugli alluci. Tenete la posizione per circa 30 secondi.

Per allungare la colonna vertebrale, il bacino e la muscolatura posteriore delle cosce. Partite dalla posizione eretta con i piedi rivolti in avanti divaricati con la stessa ampiezza delle spalle. Lentamente flettetevi in avanti, fino a toccare le punte dei piedi, se ci riuscite. Rilassate le braccia e il collo. Mantenete questa posizione per circa 30 secondi.

Con questo esercizio si allunga il muscolo inguinale. Tenete fermo il ginocchio a terra e spostate il peso del corpo in avanti.

Con questo esercizio allungate il quadricipite femorale. Sorreggetevi con la mano destra a una panchina o a una ringhiera o poggiando il palmo a un muro. Piegate la gamba sinistra e prendete il collo del piede con la mano sinistra portandolo fino al gluteo a intensità sempre maggiore, finché sentirete tirare la parte anteriore della coscia. Cercate di tenere il ginocchio puntato verso terra e le due cosce perfettamente allineate. Mantenete questa posizione per 30-40 secondi, poi ripetete con l'altra gamba.

Polpacci (e soleo). Appoggiatevi a un muro, a un palo o allo schienale di una panchina. Mettete un piede avanti e l'altro a circa 30-60 centimetri più indietro. Piegate il ginocchio della gamba davanti, mentre tenete il ginocchio della gamba dietro diritto e il tallone a contatto con il terreno dovreste sentire l'allungamento nel polpaccio. Mantenete la posizione per circa 30-60 secondi. Ripetete dall'altra parte.

Posizione in pianura.

Posizione in salita, in piedi sui pedali.

Posizione in salita, seduto.

Posizione in discesa.

Molti allenatori e scienziati sportivi considerano la SA uno dei più importanti rivelatori della performance di resistenza. È anche utile per determinare le zone di allenamento e monitorare l'efficacia di un programma di allenamento. Se vi state allenando a dovere, la SA migliorerà con il tempo.

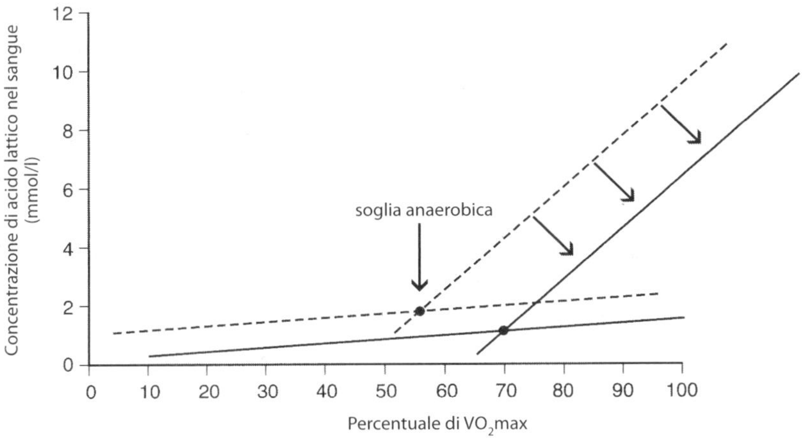

Con l'allenamento, si può spostare il punto in cui inizia ad accumularsi l'acido lattico: migliorando la forma fisica la SA si presenterà a un livello più alto di VO_2max. L'allenamento sposta la curva di SA verso destra.

Per verificare il progredire del mio allenamento andavo sulla salita di Monte Albano (in provincia di Modena). Si tratta di un'ascesa lunga circa quattro chilometri che, inizialmente, percorrevo in 12 minuti. A mano a mano che la forma fisica migliorava riuscivo ad abbassare progressivamente il tempo di percorrenza pur mantenendo la stessa frequenza cardiaca. Potevo abbassare il tempo anche di un minuto, un minuto e 15 secondi.

Come trovare la soglia anaerobica

Come per il numero massimo di battiti cardiaci e il VO_2max, il modo migliore per trovare la SA è con un test in laboratorio. Poiché sarebbe troppo costoso (da 110 a 150 euro) e richiederebbe l'uso di diversi aghi, vi indichiamo una tecnica per trovare la SA che potete adottare da soli, anche utilizzando un cardiofrequenzimetro o un misuratore di potenza. Seguite i seguenti passaggi:

1. Trovate una strada con un grado di pendenza costante (evitate ondulazioni o colline) oppure usate un ciclosimulatore;
2. Fate riscaldamento per almeno 10 minuti;
3. Pedalate come se doveste affrontare una gara cronometrica di 30 minuti, cercando di fare il tempo migliore. Il vostro passo dovrebbe causare la massima misura di disagio che riuscite a tollerare mantenendo un passo costante per tutti i 30 minuti.

SENZA UN CARDIOFREQUENZIMETRO O UN MISURATORE DI POTENZA

4. Misurate il disagio (sforzo percepito) in una scala da 1 a 10 e prendete nota dello schema di respirazione. Questa è la vostra SA. Usate questa gradazione come punto di riferimento per la vostra SA. Quando vi allenate raggiungendo la vostra SA dovreste avere le stesse sensazioni percepite durante questo test.

È utile ricordare anche che, quando si pedala alla velocità di soglia, si ha ancora energia per effettuare un allungo. La velocità di soglia, infatti, non è l'ultimo gradino di una ipotetica scala di sforzo, bensì il penultimo. Ma all'inizio della stagione è facilissimo da raggiungere, e per questo occorre stare ancora più attenti a non esagerare. Proprio perché questa valutazione non è misurabile direttamente, può essere più indicata per chi ha già un po' di esperienza sportiva, altrimenti potrebbe essere influenzata significativamente da fattori esterni.

CON UN CARDIOFREQUENZIMETRO

4. Test Conconi. Un metodo molto efficace, anche per i principianti, per stabilire la propria SA è l'effettuazione del Test Conconi. Con questo test si mettono in relazione l'aumento della velocità e il ritmo cardiaco. Durante il test, che richiede di rilevare a intervalli regolari i due valori, si va aumentando in maniera progressiva la velocità. Riportando su un grafico i valori, si vedrà come inizialmente questi procederanno in linea retta, tanto aumenta la velocità e tanto aumenta la frequenza cardiaca. A un certo punto, però, si noterà che, all'aumentare della velocità il cuore non aumenterà più con la stessa proporzionalità il proprio ritmo: il momento in cui inizia la cosiddetta "deflessione" è il momento in cui l'organismo inizia a produrre diversamente l'energia, accumulando acido lattico. Lo sforzo, quindi, avrà una durata limitata prima dell'insorgere dei crampi muscolari.

CON UN MISURATORE DI POTENZA

4. Registrate la potenza per gli ultimi 20 minuti della pedalata. La media della potenza in questo lasso di tempo corrisponderà all'emissione della vostra potenza in watt come SA.

Se questo test vi sembra faticoso, significa che lo state facendo bene. Quando pedalate sulla soglia anaerobica, dovreste arrivare al punto in cui l'andatura inizia a diventare disagevole. Passate da una pedalata in cui potete tranquillamente chiacchierare con un amico a un punto in cui siete costretti a interrompere la storia che state raccontando finché non rallentate o vi fermate.

Ricordate che potete usare il battito cardiaco, la misura dello sforzo percepito o la potenza, separatamente o in qualsiasi combinazione, per allenarvi a raggiungere la vostra SA. Questo vi consente di scegliere un allenamento semplice o sofisticato a vostro piacimento.

Ripetere il test

Potete rifare il test del numero massimo di battiti cardiaci e della soglia anaerobica periodicamente, ad esempio una volta al mese, per controllare i vostri progressi nell'allenamento. Per avere dei dati accurati, fate il test sullo stesso percorso, con le stesse condizioni e con la stessa bicicletta. È importante anche eseguire il test dopo almeno un paio di giorni di riposo o comunque senza aver effettuato allenamenti per cui il fisico possa ancora non aver recuperato completamente. Questo vi consente di monitorare i progressi e di adattare il programma di allenamento di conseguenza. L'allenamento è un processo in continuo sviluppo e, con il tempo, noterete delle fluttuazioni nella performance.

Capitolo 5

Intensificare gli esercizi fisici

Per portare al massimo la vostra abilità di atleta dovete avere buona cura del vostro corpo. Le informazioni contenute in questo capitolo vi aiutano a evitare le insidie di lesioni, dovute a uno sforzo eccessivo, e i danni muscolari. Trovate, inoltre, le istruzioni su come fare un riscaldamento, un raffreddamento e lo stretching appropriati. Sfortunatamente anche gli atleti più attenti e ben allenati possono, a volte, incorrere in problemi di salute, ne troverete qualche accenno proprio alla fine di questo capitolo.

Riscaldamento e raffreddamento

All'inizio di ogni pedalata date ai muscoli il tempo di scaldarsi prima di cominciare un esercizio fisico pesante, perché senza un riscaldamento appropriato rischiate di incorrere in qualche problema. Solitamente 10-15 minuti di pedalata rilassata sono sufficienti; tuttavia, con il freddo, è necessario più tempo. Se imparate a dare ascolto al vostro fisico sarete in grado di rendervi conto di quando siete riscaldati e pronti per iniziare. Alcuni segni che vi rivelano che il fisico è pronto possono essere dati dall'aumento della sudorazione, dalla riduzione della rigidità muscolare e da una maggiore fluidità della pedalata.

Il raffreddamento è altrettanto importante. Se scendete dalla bicicletta subito dopo uno sforzo intenso, i muscoli si irrigidiranno e il recupero richiederà più tempo. Alla fine di ogni allenamento o competizione, 5-10 minuti di pedalata rilassata impediranno l'indurimento muscolare e aiuteranno a rimuovere le scorie accumulate nel sangue e nei muscoli. Riuscire a percorrere ancora qualche chilometro a ritmo blando permetterà, invece, di rilassare adeguatamente la muscolatura. È facile constatare come si svolgerà meglio un allenamento o una gara se il giorno precedente si è fatto un raffreddamento adeguato. L'esempio dei professionisti, che scendono dalla bici subito dopo la gara, non è da seguire. Loro sono costretti dalla presenza degli spettatori o dagli obblighi del dopogara (ma poi andranno a fare i massaggi).

Stretching

Lo stretching, fatto prima e dopo una pedalata e persino nei giorni in cui non si pedala, non solo previene eventuali lesioni, aumentando il comfort sulla bicicletta, ma rinvigorisce, protegge e migliora anche la performance muscolare. È bene comunque non eccedere. Fare gli allungamenti descritti in questa sezione servirà ad aumentare la flessibilità dei muscoli di gambe, glutei e schiena, usati nel ciclismo, evitando l'irrigidimento. I punti più comunemente dolenti comprendono la parte inferiore della schiena e i muscoli dietro il ginocchio. Se sentite che si stanno irrigidendo, prendetevi del tempo per allungarli ulteriormente.

Tenete ciascuna posizione per circa 20 secondi. Mentre fate stretching non torturatevi cercando di allungarvi troppo ed evitate movimenti bruschi. Potreste farvi più male che bene causando strappi muscolari lunghi da curare. Sebbene questi allungamenti vi aiutino a prevenire le lesioni, noterete come vi facciano anche solo sentire bene e rilassino la mente dopo un intenso esercizio fisico (v. inserto fotografico).

Muscoli fondamentali usati nel ciclismo

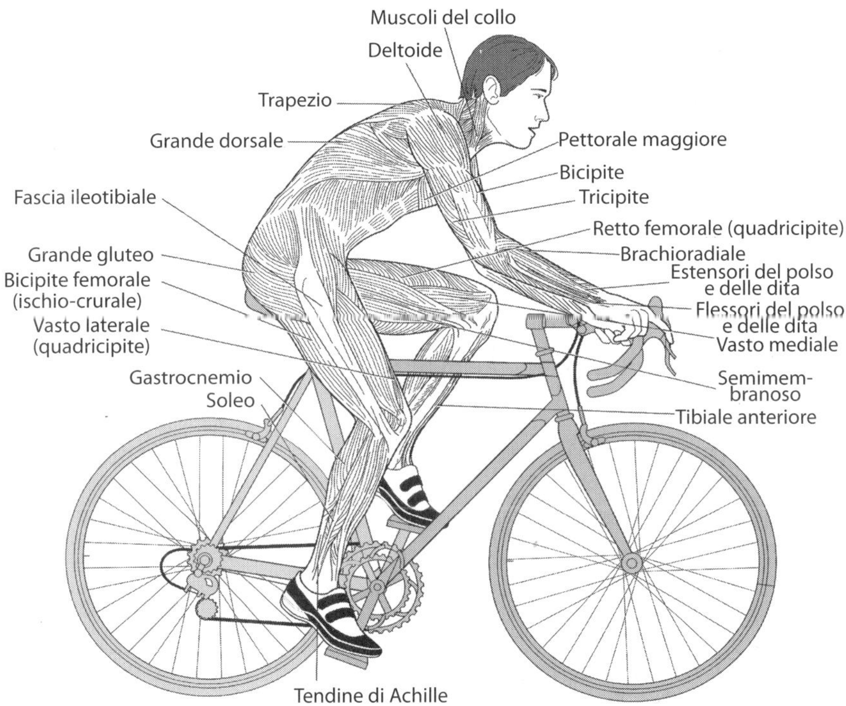

Risolvere i problemi più comuni

Se fate allenamenti per un tempo piuttosto prolungato è probabile che, prima o poi, vi facciate male. Questa sezione vi fornisce una descrizione delle comuni lesioni relative al ciclismo con le informazioni per prevenirle e trattarle, nel caso si verifichino.

Piaghe del soprasella

Le piaghe del soprasella sono un argomento di cui i ciclisti non amano parlare. Si manifestano abbastanza comunemente, pertanto dovete sapere non solo come impedirne la comparsa, ma anche come trattarle. Il contatto fondamentale con la bicicletta è in mezzo alle gambe e, se vi vengono le piaghe o le vesciche per via della scarsa igiene, ci sarà molto da soffrire. Queste piaghe di solito si formano a causa dello sfregamento e dell'irritazione; si creano così batteri che penetrano nelle ghiandole sudorifere e nei follicoli. Con il diffondersi dell'infezione, si sviluppa una piaga dolorosa, infiammata e gonfia nel punto di contatto con la sella. Alla fine, la piaga matura e si apre, rilasciando il suo contenuto. Non provate a far scoppiare la vescica o la piaga facendo pressione: in questo modo si potrebbe diffondere l'infezione al tessuto circostante. Per accelerare la ferita fino al punto del suo drenaggio, applicate una compressa calda di garza o fate impacchi d'acqua calda diverse volte al giorno. Una volta che la ferita inizia a drenare, applicate una pomata antibatterica. Se la ferita non migliora o si allarga, rivolgetevi al medico perché potrebbe essere necessario un drenaggio chirurgico.

Una buona soluzione possono essere, inoltre, prodotti specifici per piaghe da decubito che si possono trovare in farmacia. Ci sono particolari cerotti che si staccano da soli quando la vescica è guarita e, soprattutto, danno sollievo sin da subito. È bene, comunque, fare di tutto per prevenire le piaghe. Per questo è importante un'igiene rigorosa e lavare i calzoncini dopo ogni uscita. Sciacquateli bene perché anche i residui di sapone potrebbero irritare la pelle. Finita la pedalata cercate di togliervi i pantaloncini il prima possibile, pulendo la parte con sapone antibatterico e acqua.

Abrasioni

In bicicletta può capitare di cadere. Durante le gare è più probabile perché si sta davvero molto vicini e a velocità sostenute. Se vedete una corsa in televisione, le riprese dall'alto del gruppo rendono l'idea molto chiaramente.

Quando si cade, la pelle gratta contro il terreno e si generano abrasioni. In questi casi è fondamentale tenere l'infezione sotto controllo. Il ciclista che cade in gara si rialza rapido per rientrare in corsa e non perdere troppo tempo. Poi pensa alla ferita: ci spruzza semplicemente un po' d'acqua.

Ma sarebbe bene pulire la ferita con attenzione.

Per prima cosa, rimuovete i corpi estranei più grandi come sassolini e pezzetti di legno, poi strofinate delicatamente la ferita con una spugna o una spazzola morbida. Si soffrirà un po' ma è necessario.

Per le ferite più importanti è meglio farsi medicare più accuratamente al pronto soccorso. Con molta probabilità il personale ospedaliero vi applicherà della crema sedativa prima di iniziare a pulire, e già questo vale il prezzo che forse dovrete pagare per l'applicazione. Il personale si assicurerà che la ferita sia completamente pulita. Possono anche insegnarvi a prendervi cura della ferita quando sarete a casa. Una volta pulita, dovreste applicarvi una crema antibiotica e coprirla con una garza. Le bende migliori sono quelle imbevute di medicinali che evitano anche di incollarsi alla ferita. Toglierle, quando bisogna cambiare la medicazione, sarà molto meno doloroso.

Sovraccarico di esercizio fisico

Molti ciclisti hanno la tendenza a esagerare nell'allenamento. Ecco perché è bene imparare a dare ascolto al fisico ed evitare affaticamenti oltre le proprie possibilità. Abbiamo consigliato di iniziare un programma di allenamento leggero e di aumentare lentamente la durata e l'intensità. Se vi ritrovate tutti doloranti dopo una pedalata, fate una pausa. Un po' di giorni di riposo o di esercizi leggeri sono qualcosa di cui tutto il corpo ha bisogno per riprendersi ed evitare danni più gravi. Come regola generale, applicate del ghiaccio sulla zona che vi fa male: avvolgete una busta di ghiaccio o una busta di surgelati in un asciugamano sottile; applicatela sulla zona lesa per 15 minuti ogni ora per i primi due giorni. Non applicate il ghiaccio direttamente sulla pelle: potrebbe causare danni o congelamento. Una medicazione antinfiammatoria come l'acetaminofene o i medicinali nonsteroidali antinfiammatori come l'ibuprofene possono essere d'aiuto. Non usate i medicinali nonsteroidali antinfiammatori se avete uno stomaco sensibile o dei precedenti di gastrite o ulcera, perché potrebbero aumentare l'incidenza di emorragia gastrointestinale.

Problemi di postura

Se avete male dietro al ginocchio vuol dire che la sella è troppo alta, se sentite dolore davanti al ginocchio significa che la sella è troppo bassa, un indolenzimento al collo segnala che il manubrio è troppo lontano, ma se vi fa male la schiena potrebbe essere la sella troppo avanti... se vi fa male un po' tutto, allora vuol dire che la posizione è perfetta!

Tra ciclisti capita di scherzare sulla posizione corretta in bicicletta perché a volte si ha a che fare anche con teorie discordanti. Battute a parte, però, i dolori possono essere davvero un campanello d'allarme per quanto riguarda la posizione, e non vanno trascurati. Passato il periodo necessario di adattamento a una nuova postura o a una nuova bici, un dolore persistente indica che c'è qualcosa da rivedere. In questi casi può tornare utile rivolgersi a un centro professionale per avere una valutazione corretta della propria posizione e indicazioni su come migliorare per risolvere determinati problemi.

Capitolo 6

L'importanza dell'inverno (e della fase iniziale)

Ogni programma di allenamento dovrebbe iniziare con una fase di 4-12 settimane in cui si gettano le basi per l'esercizio aerobico.

Un buon allenamento aerobico è fondamentale per tutta la preparazione, perché sarebbe impensabile poter ottenere risultati di valore senza averlo effettuato.

Questo tipo di allenamento accompagna il ciclista per tutta la stagione che va ad affrontare: si pedala a un'andatura leggera o moderata lasciando gradualmente che il corpo si adatti a distanze maggiori e a periodi di tempo più lunghi. In gergo si dice anche "fare la sella", proprio a significare l'abitudine che il ciclista deve prendere a stare in bicicletta per tanto tempo. Ne consegue che la fisiologia cambierà e i muscoli aumenteranno pian piano la capacità aerobica.

Il programma di preparazione aerobica si deve adattare al tipo di allenamento da effettuare, a seconda che si tratti di principianti, di ciclisti di buon livello, oppure di agonisti avanzati.

Maggiori saranno gli esercizi fisici inseriti nel vostro programma di base, più solida sarà la preparazione. È importante puntare ad avere il massimo risultato da questa fase.

Ovviamente il programma di base deve adattarsi al tempo che ciascuno ha a disposizione per la preparazione. Può variare da 4 a 6 a 8 e fino a 12 settimane, in relazione anche al periodo dell'anno in cui si inizia la preparazione rispetto all'evento che ci si pone come obiettivo.

È consigliabile, comunque, prevedere un allenamento di base di almeno 4 settimane prima di passare alla preparazione anaerobica e agli esercizi specifici per migliorare la forza.

Se il tempo atmosferico non dovesse essere favorevole, si possono sostituire alcune sedute di lavoro con esercizi specifici per l'allenamento aerobico.

In questa sezione trovate un programma costituito da blocchi di quattro settimane, in modo da rendere più facile la scelta della preparazione da effettuare a seconda delle disponibilità di tempo.

Conviene in ogni caso prendere in considerazione la possibilità di allungare il periodo della preparazione di base proprio perché la forma fisica successiva ne risentirebbe molto positivamente.

Nel ciclismo la preparazione invernale è sempre stata ritenuta un tassello fondamentale per la stagione agonistica. Non è un segreto che i campioni più importanti abbiano posto sempre la massima attenzione a questa fase di allenamento e che le squadre organizzino ritiri e raduni di parecchi giorni anche per seguire attentamente i propri corridori nella preparazione invernale. Se questa è ben effettuata, infatti, i corridori hanno molta più possibilità di mantenere a lungo lo stato di forma durante la stagione.

Se decidete di prolungare il programma, seguite un intervallo di allenamento e giorni di riposo simile alle prime quattro settimane e continuate ad aumentare il tempo in sella alla bicicletta durante ogni giorno di allenamento. Infine, prolungando le uscite di allenamento nella fase iniziale, aumenterete la distanza globale percorsa, migliorando così la vostra forza, la resistenza e la forma fisica da veri ciclisti.

Correre a piedi fa bene alla bici

Nell'allenamento invernale (ma anche dopo, a seconda del tempo che avete a disposizione) un ruolo essenziale può giocarlo la corsa a piedi. Non è vero, secondo me, che sia controproducente per i ciclisti, anzi può essere un valido aiuto. L'importante è riportare poi al ciclismo il lavoro fatto.

La corsa a piedi permette di mantenere attivo il fisico e migliorare il fiato e la soglia anaerobica. Tutti vantaggi che si ritroveranno una volta in bicicletta.

Se, ad esempio, in inverno non potete uscire spesso in bicicletta, potete anche prevedere di pedalare una volta a settimana, ma se correte a piedi un paio di volte durante la settimana vedrete la condizione migliorare notevolmente.

L'importante, appunto, è non tralasciare di andare in bicicletta troppo a lungo.

Per cominciare a correre a piedi basta poco. Occorrono delle scarpe buone, e iniziare anche con soli 15 minuti.

La corsa a piedi è traumatica per muscoli e legamenti ed è bene dare al fisico il tempo per abituarsi, soprattutto se non potete correre su terra battuta dove l'impatto risulterebbe più attutito.

Lavorando con gradualità si aumenterà pian piano la durata dell'allenamento (arrivando a un massimo di un'ora) correndo a una frequenza cardiaca tra il 75 e il 90 per cento della frequenza massima.

Nel 2008 ho fatto una preparazione decisamente insolita per un ciclista: ho pedalato per 15 giorni alle Canarie, dove accompagno regolarmente gruppi di ciclisti, e poi ho partecipato alla 100 km del Sahara. Nei 40 giorni successivi ho continuato a correre usando la bicicletta una volta alla settimana. In queste condizioni sono arrivato alla granfondo a me intitolata e sono riuscito a resistere con i primi fino alla fine. Mi sono staccato dai primi 50 solo all'ultimo chilometro dell'ultima salita. Se non avessi fatto la corsa a piedi mi sarei staccato subito, alla prima salita.

Poi, naturalmente, bisogna sempre avere ben chiari i propri limiti per non forzare quando il fisico non lo permette: si correrebbe il rischio di compromettere l'avanzare della preparazione.

Schemi di preparazione

Nelle prossime pagine vedremo le tabelle di allenamento, dando delle indicazioni sul tipo di lavoro da svolgere per intensità, durata e percorso. Prevedete, sempre, almeno una decina di minuti di riscaldamento prima di effettuare il lavoro vero e proprio. La gradualità, di cui abbiamo già detto, è quanto mai importante e non bisogna mai effettuare sforzi muscolari a freddo.

Nelle tabelle che seguiranno è indicato anche il tipo di strada prevalente che dovrete scegliervi. Se avete da fare 60 minuti in salita non vuol dire che dovete trovarvi una salita così lunga, bensì che il vostro allenamento, quel giorno, dovrà includere tanta salita.

Regolatevi anche con i battiti cardiaci che sono indicati in percentuale rispetto alla frequenza massima.

Programma per principianti

Il programma per principianti è pensato per i ciclisti che si sono appena avvicinati a questo sport o per i ciclisti che fanno di media un'ora, o meno, di esercizio fisico al giorno. Queste uscite dovrebbero essere piuttosto facili, ma alcune di quelle più lunghe potrebbero stancarvi. Durante questa fase, la resistenza migliorerà e vi sentirete più a vostro agio sulla bicicletta. Il lavo-

PRIMO MESE

	Lunedì	Martedì	Mercoledì
1ª SETTIMANA	Riposo	30' Pianura Fr. 60%	30' Terreno ondulato Fr. 60-70%
2ª SETTIMANA	Riposo	30' Terreno ondulato Fr. 60-70%	45' Terreno ondulato Fr. 60-70%
3ª SETTIMANA	Riposo	45' Terreno ondulato Fr. 60-70%	60' Terreno ondulato Fr. 60-70%
4ª SETTIMANA	Riposo	60' Terreno ondulato Fr. 60-70%	75' Terreno ondulato Fr. 60-70%

ro fisico nella fase di resistenza dovrebbe essere fatto con un'intensità relativamente bassa. Evitate la tentazione di pedalare più velocemente di quanto non sia richiesto. In seguito ci sarà tutto il tempo per aumentare l'intensità dell'allenamento.

Si andrà pian piano ad aumentare fino a uscite di 90 minuti e nel frattempo prenderete sempre più confidenza con la bicicletta.

Giovedì	Venerdì	Sabato	Domenica
Riposo	30' Pianura Fr. 60%	30' Terreno ondulato Fr. 60-70%	45' Terreno ondulato Fr. 60-70%
Riposo	30' Terreno ondulato Fr. 60-70%	45' Terreno ondulato Fr. 60-70%	60' Terreno ondulato Fr. 60-70%
Riposo	45' Terreno ondulato Fr. 60-70%	60' Terreno ondulato Fr. 60-70%	75' Terreno ondulato Fr. 60-70%
Riposo	60' Terreno ondulato Fr. 60-70%	75' Terreno ondulato Fr. 60-70%	90' Terreno ondulato Fr. 60-70%

SECONDO MESE

	Lunedì	Martedì	Mercoledì
5ª SETTIMANA	Riposo	45′ Terreno ondulato Fr. 60-70%	60′ Terreno ondulato Fr. 60-70%
6ª SETTIMANA	Riposo	60′ Terreno ondulato Fr. 60-70%	75′ Terreno ondulato Fr. 60-70%
7ª SETTIMANA	Riposo	75′ Terreno ondulato Fr. 60-70%	90′ Terreno ondulato Fr. 60-70%
8ª SETTIMANA	Riposo	90′ Terreno ondulato Fr. 60-70%	105′ Terreno ondulato Fr. 60-70%

TERZO MESE

	Lunedì	Martedì	Mercoledì
9ª SETTIMANA	Riposo	30′ Pianura Fr. 60%	30′ Terreno ondulato Fr. 60-70%
10ª SETTIMANA	Riposo	30′ Terreno ondulato Fr. 60-70%	45′ Terreno ondulato Fr. 60-70%
11ª SETTIMANA	Riposo	45′ Terreno ondulato Fr. 60-70%	60′ Terreno ondulato Fr. 60-70%
12ª SETTIMANA	Riposo	60′ Terreno ondulato Fr. 60-70%	75′ Terreno ondulato Fr. 60-70%

Giovedì	Venerdì	Sabato	Domenica
Riposo	45′ Terreno ondulato Fr. 60-70%	60′ Terreno ondulato Fr. 60-70%	75′ Terreno ondulato Fr. 60-70%
Riposo	60′ Terreno ondulato Fr. 60-70%	75′ Terreno ondulato Fr. 60-70%	90′ Terreno ondulato Fr. 60-70%
Riposo	75′ Terreno ondulato Fr. 60-70%	90′ Terreno ondulato Fr. 60-70%	105′ Terreno ondulato Fr. 60-70%
Riposo	90′ Terreno ondulato Fr. 60-70%	105′ Terreno ondulato Fr. 60-70%	120′ Terreno ondulato Fr .60-70%

Giovedì	Venerdì	Sabato	Domenica
Riposo	30′ Pianura Fr. 60%	30′ Terreno ondulato Fr. 60-70%	45′ Terreno ondulato Fr. 60-70%
Riposo	30′ Terreno ondulato Fr. 60-70%	45′ Terreno ondulato Fr. 60-70%	60′ Terreno ondulato Fr. 60-70%
Riposo	45′ Terreno ondulato Fr. 60-70%	60′ Terreno ondulato Fr. 60-70%	75′ Terreno ondulato Fr. 60-70%
Riposo	60′ Terreno ondulato Fr. 60-70%	75′ Terreno ondulato Fr. 60-70%	90′ Terreno ondulato Fr. 60-70%

Programma intermedio

Il programma intermedio è pensato per coloro che hanno già qualche esperienza nel ciclismo o in uno sport di resistenza. Le loro pedalate saranno un po' più lunghe e, nelle ultime fasi, più intense rispetto a quelle nel programma per principianti. Durante questa fase provate a impegnarvi a pedalare con fluidità, mantenendo la parte superiore del corpo rilassata e una buona posizione sulla bicicletta. Tenete lo sguardo in avanti, i gomiti leggermente piegati e la schiena più piatta possibile. Evitate altri movimenti del corpo

PRIMO MESE

	Lunedì	Martedì	Mercoledì
1ª SETTIMANA	Riposo	30' Terreno ondulato Fr. 60-70%	45' Terreno ondulato Fr. 60-70%
2ª SETTIMANA	Riposo	45' Terreno ondulato Fr. 60-70%	60' Terreno ondulato Fr. 60-70%
3ª SETTIMANA	Riposo	60' Terreno ondulato Fr. 60-70%	75' Terreno ondulato Fr. 60-70%
4ª SETTIMANA	Riposo	90' Terreno ondulato Fr. 60-70%	105' Terreno ondulato Fr. 60-70%

mentre pedalate e mantenete il peso bilanciato mettendovi in posizione ottimale in sella. Le buone abitudini apprese nella fase della resistenza si manterranno anche nelle fasi successive, ottimizzando così il rendimento sulla bici. Effettuate gli esercizi fisici in questa fase a un'intensità abbastanza bassa. Anche se la tentazione è forte, evitate di andare più veloci di quanto non sia richiesto. Ricordate: le altre fasi di allenamento vi richiederanno un'intensità più elevata. Durante questo programma arriverete a pedalare per 2 ore e 30 minuti.

Giovedì	Venerdì	Sabato	Domenica
Riposo	45' Terreno ondulato Fr. 60-70%	60' Terreno ondulato Fr. 60-70%	75' Terreno ondulato Fr. 60-70%
Riposo	75' Terreno ondulato Fr. 60-70%	90' Terreno ondulato Fr. 60-70%	105' Terreno ondulato Fr. 60-70%
Riposo	90' Terreno ondulato Fr. 60-70%	105' Terreno ondulato Fr. 60-70%	120' Terreno ondulato Fr. 60-70%
Riposo	120' Terreno ondulato Fr. 60-70%	135' Terreno ondulato Fr. 60-70%	150' Terreno ondulato Fr. 60-70%

SECONDO MESE

	Lunedì	Martedì	Mercoledì
5ª SETTIMANA	Riposo	105′ Terreno ondulato Fr. 60-70%	120′ Terreno ondulato Fr. 60-70%
6ª SETTIMANA	Riposo	105′ Terreno ondulato Fr. 60-70%	120′ Terreno ondulato Fr. 60-70%
7ª SETTIMANA	Riposo	120′ Terreno ondulato Fr. 60-70%	135′ Terreno ondulato Fr. 60-70%
8ª SETTIMANA	Riposo	135′ Terreno ondulato Fr. 60-70%	150′ Terreno ondulato Fr. 60-70%

TERZO MESE

	Lunedì	Martedì	Mercoledì
9ª SETTIMANA	Riposo	45′ Terreno ondulato Fr. 60-70%	Riposo
10ª SETTIMANA	Riposo	120′ Terreno ondulato Fr. 60-70%	135′ Terreno ondulato Fr. 60-70%
11ª SETTIMANA	Riposo	135′ Terreno ondulato Fr. 60-70%	150′ Terreno ondulato Fr. 60-70%
12ª SETTIMANA	Riposo	150′ Terreno ondulato Fr. 60-70%	165′ Terreno ondulato Fr. 60-70%

	Giovedì	Venerdì	Sabato	Domenica
	Riposo	120′ Terreno ondulato Fr. 60-70%	135′ Terreno ondulato Fr. 60-70%	150′ Terreno ondulato Fr. 60-70%
	Riposo	135′ Terreno ondulato Fr. 60-70%	150′ Terreno ondulato Fr. 60-70%	165′ Terreno ondulato Fr. 60-70%
	Riposo	150′ Terreno ondulato Fr. 60-70%	165′ Terreno ondulato Fr. 60-70%	180′ Terreno ondulato Fr. 60-70%
	Riposo	165′ Terreno ondulato Fr. 60-70%	165′ Terreno ondulato Fr. 60-70%	180′ Terreno ondulato Fr. 60-70%

	Giovedì	Venerdì	Sabato	Domenica
	60′ Terreno ondulato Fr. 60-70%	Riposo	150′ Terreno ondulato Fr. 60-70%	165′ Terreno ondulato Fr. 60-70%
	Riposo	150′ Terreno ondulato Fr. 60-70%	165′ Terreno ondulato Fr. 60-70%	180′ Terreno ondulato Fr. 60-70%
	Riposo	165′ Terreno ondulato Fr. 60-70%	165′ Terreno ondulato Fr. 60-70%	180′ Terreno ondulato Fr. 60-70%
	Riposo	165′ Terreno ondulato Fr. 60-70%	180′ Terreno ondulato Fr. 60-70%	180′ Terreno ondulato Fr. 60-70%

Programma avanzato

Il programma avanzato è pensato per i ciclisti che hanno qualche anno di esperienza e sono intenzionati a spingersi oltre per ottenere una forma fisica ai massimi livelli. Le uscite saranno più lunghe e, nelle ultime fasi, avranno un'intensità maggiore rispetto ai programmi per principianti e a quelli intermedi. Anche qui la fase iniziale prevede un lavoro piuttosto lento in cui è bene riservare le forze per le fasi successive.

PRIMO MESE

	Lunedì	Martedì	Mercoledì
1ª SETTIMANA	Riposo	60′ Terreno ondulato Fr. 60-70%	75′ Terreno ondulato Fr. 60-70%
2ª SETTIMANA	Riposo	75′ Terreno ondulato Fr. 60-70%	90′ Terreno ondulato Fr. 60-70%
3ª SETTIMANA	Riposo	90′ Terreno ondulato Fr. 60-70%	105′ Terreno ondulato Fr. 60-70%
4ª SETTIMANA	Riposo	105′ Terreno ondulato Fr. 60-70%	120′ Terreno ondulato Fr. 60-70%

Anche se trattenere l'intensità può sembrare difficile, è importante focalizzare l'attenzione sulla resistenza. Mentre arriverete a fare pedalate di 3 ore, provate a portare la vostra cadenza a un ritmo tra 90 e 110 pedalate e fate in modo di pedalare con fluidità mantenendo la parte superiore del corpo rilassata. Le buone abitudini apprese in questa fase di allenamento vi porteranno alle fasi successive e vi renderanno un ciclista decisamente più forte.

Giovedì	Venerdì	Sabato	Domenica
Riposo	45' Terreno ondulato Fr. 60-70%	60' Terreno ondulato Fr. 60-70%	75' Terreno ondulato Fr. 60-70%
Riposo	75' Terreno ondulato Fr. 60-70%	90' Terreno ondulato Fr. 60-70%	105' Terreno ondulato Fr. 60-70%
Riposo	90' Terreno ondulato Fr. 60-70%	105' Terreno ondulato Fr. 60-70%	120' Terreno ondulato Fr. 60-70%
Riposo	120' Terreno ondulato Fr. 60-70%	135' Terreno ondulato Fr. 60-70%	150' Terreno ondulato Fr. 60-70%

SECONDO MESE

	Lunedì	Martedì	Mercoledì
5ª SETTIMANA	Riposo	105′ Terreno ondulato Fr. 60-70%	120′ Terreno ondulato Fr. 60-70%
6ª SETTIMANA	Riposo	105′ Terreno ondulato Fr. 60-70%	120′ Terreno ondulato Fr. 60-70%
7ª SETTIMANA	Riposo	120′ Terreno ondulato Fr. 60-70%	135′ Terreno ondulato Fr. 60-70%
8ª SETTIMANA	Riposo	135′ Terreno ondulato Fr. 60-70%	150′ Terreno ondulato Fr. 60-70%

TERZO MESE

	Lunedì	Martedì	Mercoledì
9ª SETTIMANA	Riposo	60′ Terreno ondulato Fr. 60-70%	Riposo
10ª SETTIMANA	Riposo	120′ Terreno ondulato Fr. 60-70%	135′ Terreno ondulato Fr. 60-70%
11ª SETTIMANA	Riposo	135′ Terreno ondulato Fr. 60-70%	150′ Terreno ondulato Fr. 60-70%
12ª SETTIMANA	Riposo	150′ Terreno ondulato Fr. 60-70%	165′ Terreno ondulato Fr. 60-70%

Giovedì	Venerdì	Sabato	Domenica
Riposo	120′ Terreno ondulato Fr. 60-70%	135′ Terreno ondulato Fr. 60-70%	150′ Terreno ondulato Fr. 60-70%
Riposo	135′ Terreno ondulato Fr. 60-70%	150′ Terreno ondulato Fr. 60-70%	165′ Terreno ondulato Fr. 60-70%
Riposo	150′ Terreno ondulato Fr. 60-70%	165′ Terreno ondulato Fr. 60-70%	180′ Terreno ondulato Fr. 60-70%
Riposo	165′ Terreno ondulato Fr. 60-70%	165′ Terreno ondulato Fr. 60-70%	180′ Terreno ondulato Fr. 60-70%

Giovedì	Venerdì	Sabato	Domenica
75′ Terreno ondulato Fr. 60-70%	Riposo	165′ Terreno ondulato Fr. 60-70%	180′ Terreno ondulato Fr. 60-70%
150′ Terreno ondulato Fr. 60-70%	Riposo	180′ Terreno ondulato Fr. 60-70%	180′ Terreno ondulato Fr. 60-70%
165′ Terreno ondulato Fr. 60-70%	Riposo	180′ Terreno ondulato Fr. 60-70%	150′ Terreno ondulato Fr. 60-70%
180′ Terreno ondulato Fr. 60-70%	Riposo	180′ Terreno ondulato Fr. 60-70%	180′ Terreno ondulato Fr. 60-70%

Capitolo 7
Aumentare la soglia anaerobica e la forza

Una volta acquisita una solida base inizierete a pedalare più intensamente e più velocemente. Dovreste poi dedicare 3 o 4 settimane al raggiungimento della soglia anaerobica. Come abbiamo spiegato, una soglia anaerobica alta è uno dei migliori indicatori di forma fisica in un atleta di resistenza. Potete migliorare la soglia anaerobica con l'allenamento, includendo questo obiettivo nel programma.

Per ottenere questo risultato bisogna prevedere allenamenti ad alta intensità o, più scientificamente, in cui la velocità di produzione di acido lattico sia superiore a quello di eliminazione. Questo avviene a un livello di misura di sforzo percepito (MSP) tra 6 e 7 e con un battito cardiaco tra il 70 e l'80 per cento del numero massimo di battiti cardiaci (MaxHR) e tra il 90 e il 99 per cento del battito cardiaco della soglia anaerobica (SA). L'obiettivo è di posporre l'inizio di accumulazione di acido lattico conservando energia, aumentando la forza e ritardando la fatica quando state pedalando. Dopo qualche settimana di allenamento sarete in grado di produrre più potenza (watt) alla SA e con un livello di MSP 6-7 per un periodo più lungo. La condizione atletica migliorerà notevolmente e sarete in grado di pedalare più velocemente e per periodi più lunghi.

La durata degli esercizi fisici nell'allenamento di questo tipo varia a seconda di quale dei tre programmi di preparazione sceglierete. Se siete un ciclista principiante potreste avere difficoltà a seguire quanto richiesto dall'intensità del programma avanzato. Tenete a mente, inoltre, che gli esercizi fisici del programma per principianti non vanno oltre l'ora, mentre non è così per i programmi intermedi e avanzati. Pertanto, al momento di decidere quale programma scegliere, considerate il tempo che avete a disposizione e la vostra motivazione. Ricordate anche che più vi allenate più forti diventerete.

Programma per principianti

In questa fase farete esercizi fisici per la forza e la soglia anaerobica molto più esigenti rispetto alla fase di allenamento nella resistenza. Pertanto, è importante che seguiate una buona alimentazione e abbiate una buona idratazione così da mantenere i livelli di energia adeguati per svolgere gli esercizi in modo appropriato. Bere una soluzione ricca di carboidrati vi aiuterà a mantenere i livelli di energia e l'idratazione. La prima parte degli esercizi per la soglia anaerobica sem-

	Lunedì	Martedì	Mercoledì
1ª SETTIMANA	Riposo	35' Salita Fr. 70-85%	25' Salita Fr. 65-80%
2ª SETTIMANA	Riposo	40' Salita Fr. 70-85%	40' Salita Fr. 70-85%
3ª SETTIMANA	Riposo	40' Salita Fr. 70-85%	55' Salita Fr. 70-85%
4ª SETTIMANA	Riposo	50' Salita Fr. 70-85%	45' Salita Fr. 70-85%

bra abbastanza semplice, ma questi diventano progressivamente più difficili: all'inizio i muscoli saranno indolenziti, ma si adatteranno con il tempo.

Sentirete una sensazione di bruciore nei muscoli delle gambe durante e dopo gli esercizi: significa che avete svolto il vostro lavoro in maniera corretta. Fate in modo di non pedalare troppo duramente nei giorni dedicati alla resistenza, altrimenti non vi riposerete in modo adeguato per gli esercizi fisici successivi.

Giovedì	Venerdì	Sabato	Domenica
Riposo	35' Salita Fr. 70-85%	25' Salita Fr. 65-80%	30' Terreno ondulato Fr. 60-70%
Riposo	40' Salita Fr. 70-85%	40' Salita Fr. 70-85%	45' Terreno ondulato Fr. 60-70%
Riposo	50' Salita Fr. 70-85%	45' Salita Fr. 70-85%	60' Terreno ondulato Fr. 60-70%
Riposo	50' Salita Fr. 70-85%	45' Salita Fr. 70-85%	60' Terreno ondulato Fr. 60-70%

Programma intermedio

Le pedalate in questo programma sono leggermente più lunghe e più intense che nel programma per principianti perché questo contiene più intervalli. Gli esercizi fisici in questa fase sono molto più energici del lavoro che avete fatto nella fase di resistenza. Dopo i primi esercizi sulla forza, i vostri muscoli probabilmente saranno indolenziti. Non preoccupatevi, si adatteranno a mano a mano che procedete nel vostro programma di allenamento. Vi accorgerete se state effettuando correttamente gli esercizi per la soglia anaerobica se sentire-

	Lunedì	Martedì	Mercoledì
1ª SETTIMANA	Riposo	35′ Salita Fr. 70-85%	25′ Salita Fr. 65-80%
2ª SETTIMANA	Riposo	40′ Salita Fr. 70-85%	45′ Salita Fr. 70-85%
3ª SETTIMANA	Riposo	50′ Salita Fr. 70-85%	45′ Salita Fr. 70-85%
4ª SETTIMANA	Riposo	25′ Salita Fr. 65-80%	80′ Salita Fr. 65-80%

te una sensazione di bruciore nei muscoli delle gambe durante e dopo ogni esercizio fisico. Ricordate di seguire una buona alimentazione e di mantenere l'idratazione durante gli esercizi per svolgerli in modo appropriato. Assumere una bevanda ricca di carboidrati tra ogni intervallo vi aiuterà a mantenere i livelli di energia di cui avete bisogno. Ricordate di rimanere sotto la soglia anaerobica durante le vostre pedalate di resistenza. Se pedalate troppo duramente nei giorni dedicati alla resistenza non riposerete in modo appropriato per l'esercizio fisico successivo.

Giovedì	Venerdì	Sabato	Domenica
35′ Terreno ondulato Fr. 60%	40′ Salita Fr. 70-85%	40′ Salita Fr. 70-85%	45′ Terreno ondulato Fr. 60-70%
35′ Terreno ondulato Fr. 60%	50′ Salita Fr. 70-85%	55′ Salita Fr. 70-85%	60′ Terreno ondulato Fr. 60-70%
35′ Terreno ondulato Fr. 60%	25′ Salita Fr. 65-80%	60′ Salita Fr. 70-85%	80′ Terreno ondulato Fr. 60-70%
35′ Terreno ondulato Fr. 60%	25′ Salita Fr. 65-80%	25′ Salita Fr. 65-80%	90′ Terreno ondulato Fr. 60-70%

Programma avanzato

Le uscite in bici sono più lunghe e più intense del programma per principianti e di quello intermedio. Gli esercizi fisici per la forza e la soglia anaerobica compresi in questa fase sono più duri di quelli relativi alla fase per la resistenza. Per fare questi esercizi in modo corretto, è importante seguire un'alimentazione corretta e mantenere la giusta idratazione. È importante assumere bevande ad alto contenuto di carboidrati negli intervalli.

	Lunedì	Martedì	Mercoledì
1ª SETTIMANA	Riposo	40' Salita Fr. 70-85%	40' Salita Fr. 70-85%
2ª SETTIMANA	Riposo	50' Salita Fr. 70-85%	55' Salita Fr. 70-85%
3ª SETTIMANA	Riposo	25' Salita Fr. 65-80%	60' Salita Fr. 70-85%
4ª SETTIMANA	Riposo	25' Salita Fr. 65-80%	60' Salita Fr. 70-85%

Preparatevi a sentire dolori muscolari durante la preparazione. Andando avanti l'adattamento fisico migliorerà la situazione. Se si avverte sensazione di bruciore ai muscoli delle gambe durante e dopo le sedute di allenamento significa che state lavorando duramente.

Per rendervi conto se siete pronti per ogni esercizio fisico relativo alla soglia anaerobica (SA), portate a termine le pedalate relative alla resistenza nella zona appropriata. Se pedalate troppo intensamente sarà difficile riposarvi per il successivo lavoro sulla SA.

Giovedì	Venerdì	Sabato	Domenica
35' Terreno ondulato Fr. 60%	50' Salita costante Fr. 70-85%	40' Salita costante Fr. 70-85%	140' Terreno ondulato Fr. 60-70%
35' Terreno ondulato Fr. 60%	25' Salita Fr. 65-80%	45' Salita Fr. 70-85%	35' Terreno ondulato Fr. 60%
35' Terreno ondulato Fr. 60%	25' Salita Fr. 65-80%	80' Salita Fr. 65-80%	35' Terreno ondulato Fr. 60%
35' Terreno ondulato Fr. 60%	25' Salita Fr. 65-80%	25' Salita Fr. 65-80%	35' Terreno ondulato Fr. 60%

Settimana di recupero attivo

Dopo avere completato la fase per gettare le fondamenta e raggiungere la soglia anaerobica, dovreste sentirvi stanchi. È normale: avete lavorato sodo, quindi prendetevi cinque giorni di riposo attivo. Non preoccupatevi di perdere forma fisica. In questo momento il fisico ha bisogno di ritemprarsi e riprendersi dopo il lavoro svolto. Questa fase serve a preparare il fisico alla fase

	Lunedì	Martedì	Mercoledì	
PRINCIPIANTE	Riposo	30' Terreno ondulato Fr. 60-70%	Riposo	
MEDIO	Riposo	30' Terreno ondulato Fr. 60-70%	Riposo	
AVANZATO	Riposo	60' Terreno ondulato Fr. 60-70%	Riposo	

di allenamento successiva ed è proprio in questa settimana che l'atleta diventa più forte.

Dopo cinque giorni di recupero fate un test in salita e un test cronometrico per misurare quanto avete ottenuto in termini di forma fisica. Ricordate di prendere nota dei risultati nel diario di allenamento perché rifarete gli stessi test alla fine della fase successiva. Comparare i risultati e prendere nota del miglioramento aumenterà la fiducia e la motivazione.

Giovedì	Venerdì	Sabato	Domenica
60' Salita Fr. 85-95%	Riposo	50-60' Pianura Fr. 85-95%	50' Salita Fr. 80-90%
45' Salita Fr. 60-80%	Riposo	50-60' Pianura Fr. 85-95%	50' Salita Fr. 80-90%
90' Terreno ondulato Fr. 60-70%	Riposo	60-70' Pianura Fr. 85-95%	50' Salita Fr. 80-90%

Capitolo 8

Lavorare per raggiungere il picco massimo

In questa fase di tre settimane aumenterete la velocità per raggiungere il picco massimo della forma fisica: lavorerete su tutti gli aspetti della forma fisica attraverso la resistenza, le prove a cronometro e gli esercizi in salita. Vi allenerete in tutte e cinque le zone di intensità, ma farete la maggior parte dei vostri intervalli nella zona 4. A causa dell'intensità dell'allenamento, assicuratevi di esservi ripresi a pieno durante i giorni dedicati al riposo in modo da poter ottenere il massimo da ogni esercizio. Dovreste uscire da questa fase con circa l'85 per cento della vostra forma fisica massima.

Se vi state allenando per una gara cronometrica o un evento che comprende un percorso in salita, il vostro allenamento dovrà rispondere al tipo di sforzo che viene richiesto dal vostro obiettivo/evento. Collocate le corse cronometriche o gli esercizi fisici in salita nei giorni di alta intensità.

Come nei capitoli precedenti, il programma per principianti è meno intenso e richiede meno tempo dei programmi intermedi e avanzati. Poiché questa fase porta il vostro allenamento a un gradino più alto rispetto all'ultima fase e c'è la possibilità di eccedere, scegliete lo stesso livello di programma usato per la fase relativa alla soglia anaerobica o scendete di un livello se è il caso. Non lasciatevi tentare a salire di un livello. Alla fine di questa fase di tre settimane sarete stanchi e avrete bisogno di un'altra fase di recupero attivo di tre settimane prima di passare alla fase successiva. La settimana di recupero attivo è inserita in ciascun programma.

Programma per principianti

Questa fase è dura ma vi renderà più forti. Poiché vi allenerete a un livello intenso in queste settimane, fate in modo di rilassarvi il più possibile nei giorni di riposo. Questo vi consente di recuperare più facilmente

	Lunedì	Martedì	Mercoledì
1ª SETTIMANA	Riposo	55' Salita Fr. 70-80%	50' Pianura Fr. 75%
2ª SETTIMANA	Riposo	45' Salita Fr. 60-80%	60' Pianura Fr. 75%
3ª SETTIMANA	Riposo	70' Salita Fr. 80-90%	65' Pianura Fr. 75-85%
SETTIMANA DI RECUPERO	Riposo	45' Terreno ondulato Fr. 60-70%	Riposo

e di ottenere di più da ogni esercizio. Assicuratevi di non pedalare troppo duramente durante la prova di resistenza di domenica. Altrimenti avrete difficoltà nel vostro tempo di recupero per la sessione successiva.

Giovedì	Venerdì	Sabato	Domenica
Riposo	55′ Salita Fr. 75-85%	70′ Pianura Fr. 75%	60′ Terreno ondulato Fr. 60-70%
Riposo	40′ Salita Fr. 80-90%	50′ Pianura Fr. 75-85%	80′ Terreno ondulato Fr. 60-70%
Riposo	50′ Salita Fr. 70-80%	40′ Salita Fr. 90%	90′ Terreno ondulato Fr. 60-70%
60′ Terreno ondulato Fr. 60-70%	Riposo	50′ Pianura Fr. 75%	50′ Salita Fr. 70-80%

Programma intermedio

Le pedalate sono un po' più lunghe e più intense di quelle nel programma per i principianti. Gli esercizi fisici in questa fase sono duri a livello sia mentale sia fisico e richiedono un elevato grado di concentrazione. Trovate sempre la motivazione giusta prima di ogni

	Lunedì	Martedì	Mercoledì	
1ª SETTIMANA	Riposo	55' Salita Fr. 70-80%	50' Pianura Fr. 75%	
2ª SETTIMANA	Riposo	45' Salita Fr. 60-80%	60' Pianura Fr. 75%	
3ª SETTIMANA	Riposo	70' Salita Fr. 80-90%	65' Pianura Fr. 75-85%	
SETTIMANA DI RECUPERO	Riposo	60' Terreno ondulato Fr. 60-70%	Riposo	

fase e fate in modo di recuperare completamente durante ogni intervallo. Alla fine di queste tre settimane di allenamenti in salita e a cronometro vi sentirete stanchi ma otterrete un immenso guadagno in termini di forma fisica. Durante i test nella settimana finale vi renderete conto del miglioramento.

Giovedì	Venerdì	Sabato	Domenica
30′ Pianura Fr. 60%	55′ Salita Fr. 75-85%	70′ Pianura Fr. 75%	90′ Terreno ondulato Fr. 60-70%
Riposo	40′ Salita Fr. 80-90%	50′ Pianura Fr. 75-85%	120′ Terreno ondulato Fr. 60-70%
30′ Pianura Fr. 60%	50′ Salita Fr. 70-80%	65′ Pianura Fr. 75-85%	30′ Pianura Fr. 60%
90′ Terreno ondulato Fr. 60-70%	Riposo	50′ Pianura Fr. 75%	50′ Salita Fr. 70-80%

Programma avanzato

Questa fase dell'allenamento è molto impegnativa: le pedalate sono più durature e più intense dei programmi per principianti e intermedi. Questi esercizi sono duri a livello sia mentale sia fisico e dovrete concentrarvi per portare a termine il programma. Fate in modo di pedalare con fluidità e potenza durante ogni uscita. Trovate la giusta motivazione ma prevedete anche di recuperare adeguatamente gli sforzi effettuati. I lavo-

	Lunedì	Martedì	Mercoledì	
1ª SETTIMANA	Riposo	55′ Salita Fr. 70-80%	70′ Pianura Fr. 75%	
2ª SETTIMANA	Riposo	45′ Salita Fr. 60-80%	60′ Pianura Fr. 75%	
3ª SETTIMANA	Riposo	70′ Salita Fr. 80-90%	70′ Pianura Fr. 75-85%	
SETTIMANA DI RECUPERO	Riposo	120′ Terreno ondulato Fr. 60-70%	Riposo	

ri di forza vanno sempre terminati con almeno 15-20 minuti di agilizzazione andando su ritmi di 90-100 pedalate al minuto prima di tornare a casa.

Alla fine delle tre settimane di allenamento in salita e a cronometro il vostro livello di fatica sarà alto. L'ultima settimana di riposo è essenziale per recuperare e riprendere forza prima di passare alla fase successiva. Migliorerete enormemente la forma fisica e i test previsti nella settimana finale ve ne daranno la conferma.

Giovedì	Venerdì	Sabato	Domenica
30′ Pianura Fr. 60%	55′ Salita Fr. 75-85%	90′ Pianura Fr. 75%	120′ Terreno ondulato Fr. 60-70%
30′ Pianura Fr. 60%	65′ Salita Fr. 75-85%	60′ Pianura Fr. 75%	30′ Pianura Fr. 60%
30′ Pianura Fr. 60%	50′ Salita Fr. 70-80%	65′ Pianura Fr. 75-85%	30′ Pianura Fr. 60%
120′ Terreno ondulato Fr. 60-70%	Riposo	50′ Pianura Fr. 75%	50′ Salita Fr. 70-80%

A questo punto sarete praticamente pronti per affrontare il vostro obiettivo. Ricordate che è importante non allenarsi sempre sullo stesso ritmo perché in questo modo non si abitua il fisico ai cambi di sforzo.

Un esempio può essere il lavoro specifico per migliorarsi in salita con il cosiddetto 40-20. Si tratta di affrontare una salita per 40 secondi, come se ci si trovasse in gara con un ritmo molto forte, alternando 20 secondi di recupero. Bisogna ripetere questo lavoro per almeno dieci volte: tutte le ripetute vanno eseguite con la stessa velocità. In pianura ci si può allenare al cambio di andatura alternando un ritmo dell'80 per cento (il riferimento è sempre alla frequenza cardiaca massima) intervallato da volate di 20 secondi.

La gara ormai è dietro l'angolo. Il giorno prima badate a non strafare ma uscite comunque in bicicletta. Io facevo una cinquantina di chilometri con una salita di 3 km al massimo da fare in progressione. Partivo piano all'inizio dell'ascesa per arrivare su alla velocità di soglia. Poi rallentavo, sciogliendo le gambe fino a casa.

Infine, voglio concludere questa sezione dedicata all'allenamento con un suggerimento: usate il cardiofrequenzimetro anche per capire le vostre reali condizioni. Se vi trovate, un giorno, che non riuscite a far salire le pulsazioni come vorreste, vuol dire che avete bisogno di recuperare. È un segno inequivocabile. Io me ne rendevo conto quando il mio ritmo cardiaco non andava oltre le 140 pulsazioni. Nonostante sforzassi di più, il cardiofrequenzimetro non saliva e io mi sentivo come una macchina con il motore ingolfato: non avevo recuperato adeguatamente gli sforzi effettuati nei giorni precedenti.

Il cardiofrequenzimetro è importantissimo, ma nelle fasi finali di gara preferivo non guardarlo. Lo tenevo al rovescio per non farmi condizionare. Il cuore, a quel punto, va speso tutto per ottenere il risultato migliore.

III

Uomini e corse

Capitolo 9

Uomini

Cinque corridori, cinque modi diversi di interpretare il ciclismo. Ve li racconto perché li considero degli esempi da cui imparare per trovare spunti per migliorarsi nell'allenamento oltre che per superare i momenti difficili.

Nelle prossime pagine leggerete della classe di Bugno e dell'astuzia di Argentin, ma anche della meticolosità di Ivan Basso e della tenacia di Simoni, fino allo stakanovismo di Erik Zabel.

Moreno Argentin – Il leader

Ho corso cinque anni con Moreno Argentin, a partire dal 1988. Di lui ricordo la capacità incredibile di leggere la corsa. Sapeva individuare il momento cruciale in cui muoversi per ricavare il miglior risultato possibile. Uno così non poteva che essere fortissimo nelle Classiche del Nord. Per vincere quattro Liegi-Bastogne-Liegi ci vuole astuzia. Anche per capire al volo le tattiche degli avversari.

Provò pure nelle corse a tappe, ma soffriva troppo le lunghe salite e le cronometro. Nonostante ciò, comunque, arrivò terzo nel 1984. Le gare di un giorno gli erano decisamente più congeniali.

Curiosamente, però, non vinse mai una Milano-Sanremo, corsa che era decisamente alla sua portata. Ci andò vicinissimo nel 1992 quando fu beffato da Sean Kelly proprio nel finale. Quel giorno io stavo benissimo e avevamo previsto una tattica precisa con Argentin. Purtroppo, quando la corsa stava entrando nella fase cruciale, sono caduto e Moreno è dovuto uscire allo scoperto troppo presto. Nel finale, poi, si è trovato a corto di energie.

Argentin si sapeva programmare bene e difficilmente mancava gli obiettivi che aveva nel mirino. In gruppo si muoveva con scaltrezza. Eppure mi ricordo che anche lui aveva i suoi momenti difficili, momenti di insicurezza in cui era importante l'appoggio dei compagni per capire se stava facendo le cose per bene o c'era qualcosa da aggiustare.

La fine della sua carriera è stata incredibile, poi. Aveva appena terminato il Giro del 1994, corso ottimamente. Argentin fu determinante nella vittoria del compagno di squadra Berzin, lui stesso vinse una tappa e portò per due giorni la Maglia Rosa. Eppure alla fine di quel Giro appese la sua bici al chiodo e non la toccò più.

Ivan Basso – Il metodico

È difficile incontrare un corridore più scrupoloso di Basso. Ivan vive per la bicicletta e non vuole lasciare mai niente al caso. Lui ha sempre avuto una grande passione per il ciclismo e amore per la bicicletta che cura personalmente. Grazie a questa passione gli vengono facili cose che per altri sarebbero davvero dure da sopportare, ed è proprio da questa passione che nasce il suo perfetto autocontrollo.

Basso non ha paura di allenarsi e di soffrire. Pensate che durante lo stop per la squalifica ha continuato ad allenarsi come se non avesse mai smesso di correre. Credo che se avesse partecipato a una corsa in un giorno qualsiasi di quel periodo non avrebbe certo sfigurato. E al suo rientro ha già dimostrato che non ha perso il ritmo dei migliori.

Il segreto della sua forza è anche nella sua scrupolosità. Penso che sia capace di contare pure le gocce di olio che mette nell'insalata.

Ma nel ciclismo di oggi sono proprio questi dettagli che possono fare la differenza. È anche una questione di morale, e a uno come Basso serve sapere di aver fatto il massimo nella sua preparazione. Diventa uno stimolo in più.

È chiaramente un corridore per corse a tappe e vi assicuro che dopo tre settimane di gara e magari cinque o sei ore di corsa nelle gambe, di fronte a lui ci si può trovare davvero in difficoltà, con il fisico ma anche con la testa. Uno come Ivan, se sa di aver fatto tutto per bene, si convince che allora, lì, è lui il più forte. E questa convinzione può essere determinante in un momento cruciale quando c'è da resistere a un attacco o bisogna sfiancare un avversario.

Gianni Bugno – La classe

Sono stato compagno di squadra di Bugno, un corridore che è sempre stato difficile da comprendere. Chiariamo: Gianni è stato un atleta dotato di qualità impressionanti. Il suo problema era che spesso neppure lui credeva nelle sue qualità. Penso che avrebbe potuto vincere molto di più.

Quando gli parlavo in corsa diceva sempre che non stava bene.

Sembrava avesse tantissimi problemi in bici, ma

quando la corsa superava i 200 km veniva fuori inesorabilmente. E gli altri rischiavano di dover lottare per il secondo posto.

Bugno era un corridore dotato di una potenza incredibile e capace di andare fortissimo su diversi terreni. Non è un caso, d'altra parte, che nel 1990 abbia vinto il Giro d'Italia indossando la Maglia Rosa dal primo all'ultimo giorno. Nessun corridore dell'epoca moderna può vantare questo primato. Prima di lui c'è riuscito Eddy Merckx, poi bisogna cercare nel ciclismo eroico.

Gianni andava forte in salita, a cronometro e anche in volata. Qui era davvero impressionante. Faceva le volate senza quasi alzarsi sui pedali, merito della sua enorme potenza. A vederlo sembrava quasi fermo, ma inseriva il massimo rapporto disponibile e sviluppava una velocità altissima.

In allenamento Bugno non era costante. Inizialmente non amava le tabelle; poi si è adattato ai metodi moderni, ma c'erano dei periodi in cui appariva svogliato e non faceva lavori specifici.

Nel 1995 ci siamo allenati insieme per un mese prima che lui vincesse il Campionato Italiano. Quando uscivamo lui non aveva voglia di faticare, tant'è che spesso in salita veniva su ai dieci all'ora e io gli davo dei minuti. Poi, nel giorno della gara, lui indossò la maglia di Campione d'Italia, e io mi staccai.

Gilberto Simoni – Il carattere

Gilberto Simoni è un corridore che spesso non conosce le mezze misure. Nelle parole, a volte, è diretto come in corsa. E questo gli ha creato anche qualche difficoltà. Ma Simoni è un corridore dal carattere fortissimo.

Di lui ammiro la capacità di trovare sempre nuovi

stimoli nonostante sia un corridore che potrebbe anche accontentarsi delle vittorie ottenute. Ha vinto due Giri d'Italia, eppure anche per il 2009 è pronto a raccogliere le sfide e già dalla Tirreno-Adriatico si è dimostrato di essere all'altezza della situazione.

La sua bravura è stata nel saper cercare nuove motivazioni in esperienze diverse. È così che è andato a correre in mountain bike o a provare corse come il Giro del Messico. Vuole divertirsi in quello che fa.

In effetti è un'ottima idea quella di cercare nuovi stimoli. Andare in bicicletta è bellissimo, ma a volte seguire un programma di preparazione può essere faticoso. È normale. Anche io, quando la bici iniziava a pesarmi un po', cercavo nuovi percorsi. Magari qualche strada sterrata che stimolava la curiosità e ritrovavo il piacere pieno di pedalare sulla mia bicicletta.

Simoni non ama seguire una preparazione troppo programmata. Ovviamente fa i suoi lavori specifici, ma è legato comunque a un tipo di allenamento più tradizionale. Ad esempio lui riprende gli allenamenti il 1° gennaio, mentre i suoi colleghi iniziano praticamente tutti ai primi di dicembre. Però riesce sempre ad arrivare al meglio all'appuntamento più importante per la sua stagione: il Giro d'Italia.

Erik Zabel – Lo stakanovista

Erik Zabel è uno dei corridori che mi hanno più impressionato. Ha smesso di correre lo scorso anno ma di chilometri in bicicletta ne ha fatti davvero tantissimi. D'altra parte era un corridore della vecchia scuola, un atleta della Germania Est, la ex DDR.

Non aveva programmi di allenamento. Lui si allenava a testa bassa per moltissimi chilometri. Non era neanche uno da fare chissà che velocità in allenamento. Si metteva lì, a trenta all'ora e macinava una quantità impressionante di chilometri. Faceva tantissimo fondo lento e i lavori specifici li faceva direttamente in corsa.

Zabel era capace di presentarsi alla Milano-Sanremo con 15.000 km nelle gambe.

Quando correva con la T-Mobile sono stato con loro in ritiro per un mese e mi impressionava per i microcicli che faceva. Era tra fine gennaio e i primi di febbraio, e Zabel aveva impostato un microciclo di quattro giorni con chilometraggi mostruosi. Il primo giorno faceva 170 km, il secondo 180 e al terzo arrivava a 200. Il quarto giorno, per recuperare, ne faceva 100 di km. Era capace di partire mezz'ora prima degli altri compagni di squadra per poi proseguire l'allenamento con loro e poi ancora da solo.

Uno così faceva più di 40.000 km l'anno ed era anche molto attento tecnicamente. Un vero professionista: lottava su ogni traguardo e, anche se è "nato" come velocista, sarebbe riduttivo descriverlo solo con questa caratteristica. Non si vincono per caso quattro Milano-Sanremo.

Pensate che ha conservato tutte le sue biciclette. Potrebbe aprire un museo.

Capitolo 10

Corse

Ogni corsa è diversa dall'altra. Io ve ne racconto cinque che, per caratteristiche, potrete ritrovare nelle competizioni o nelle manifestazioni cui parteciperete. Non importa il livello delle vostre gare, conta l'impegno che ci metterete, perché in quel momento sarà importante dare il massimo di voi stessi. In fondo, una Nove Colli può non essere così diversa da una Liegi-Bastogne-Liegi, e l'esperienza di un Mondiale che si corre in circuito può essere sfruttata per le gare amatoriali, spesso su percorsi da ripetere più volte, per capire il punto migliore per un'imboscata decisiva.

Perché in bicicletta è importante essere forti e ben allenati. Ma spesso è la testa che fa la differenza maggiore tra il buon corridore e il campione.

Mondiale – Capire il percorso

Ci sono tanti motivi per cui il Campionato del Mondo è una corsa unica.

Correndo per squadre nazionali ti trovi compagni di squadra che hai tutto l'anno per avversari e avversari che, al contrario, sono i tuoi compagni di squadra in tutte le altre corse. Ma l'orgoglio di correre per la propria nazione è altissimo. Alla mattina di ogni Mondiale che ho corso mi vestivo e poi andavo allo specchio.

Mi sentivo una carica fortissima dentro per quella maglia che mi rendeva fiero e orgoglioso di quello che facevo, che rappresentavo.

Ma il Mondiale non è solo una corsa ad alta tensione per ciò che significa: è particolare perché si svolge in un circuito. Ogni anno il circuito cambia, può essere più o meno duro e non sempre le sue caratteristiche sono facili da interpretare. Ci sono stati Mondiali rivelatisi molto duri e corsi su circuiti all'apparenza non troppo difficili. Dipende anche dal modo in cui i corridori quel giorno vogliono interpretare la corsa e dalle tattiche delle varie squadre nazionali.

Il Mondiale è una corsa in cui si parte con una tattica precisa. I capitani di ogni squadra sono ben delineati, ma l'imprevisto può essere dietro l'angolo e allora occorre cambiare tattica rapidamente per adattarsi alle necessità del momento.

Poi si tratta di una corsa lunga. Dopo oltre 200 km non sono molti i corridori in grado di mantenere lucidità e freschezza muscolare. E può capitare che la volata non venga necessariamente risolta a favore del velocista più titolato tra quelli che si presentano sul traguardo, bensì del corridore che ha conservato più energie in quel momento. Anche questa corsa, infatti, può servire di insegnamento per risparmiare le energie nelle fasi iniziali di una competizione. E svolgendosi in un circuito, i corridori hanno la possibilità di studiare le caratteristiche del percorso direttamente e utilizzarle nelle fasi successive della gara. Si può provare una volata oppure capire bene quale sia il punto migliore per uno scatto importante.

Liegi-Bastogne-Liegi – Recuperare in corsa

Tra le Classiche del Nord la Liegi è una delle più belle. Ma è anche una delle corse più dure che ci siano.

È un continuo andare su e giù e le salite possono essere lunghe 3 o 4 km oppure molto più corte. Ma alla fine ci si può trovare all'improvviso senza gambe. Vi ho preso parte almeno otto volte e nel 1992 ho creduto anche di poterla vincere per un bel po' di chilometri.

La prima parte di corsa si fa quasi lentamente, cercando di risparmiarsi il più possibile perché ogni goccia di energia risparmiata tornerà utile nei chilometri finali. Io ero partito bene e avevo fatto la prima parte di corsa perfettamente, senza sprecare. Quando mancano 100 km all'arrivo è il momento in cui ti rendi conto se puoi fare qualcosa di buono oppure no. Le salite lungo il percorso iniziano a fare selezione e il gruppo rimane con quei 50-60 corridori da cui uscirà il vincitore.

Quell'anno sentivo le gambe girare bene e, pian piano la convinzione crescere. Mi rendevo conto che potevo davvero ben figurare.

Al traguardo sono arrivato in fuga con altri tre corridori. Con me c'erano De Wolf, Bernard e Rooks, ed era il primo anno dell'arrivo in salita. A 3 km dall'arrivo, sulla penultima salita mi sono alzato sui pedali.

Mi sono accorto subito che qualcosa non andava e dentro di me ho imprecato: avevo bucato. Poi ho guardato la gomma, ma era a posto.

Non era un problema di bicicletta, ero io che avevo finito completamente la benzina e le mie gambe mi restituivano quella sensazione di morbidezza come quando buchi una gomma.

La Liegi è una corsa dove le pulsazioni sono sempre sui 160 battiti, sei sempre al limite e si accumula fatica non riuscendo quasi mai a recuperare.

In gare di questo tipo è importantissimo recuperare in ogni momento possibile. Io ho imparato molto da Rolf Sørensen, ad esempio. Spesso lui per risparmiare le forze iniziava le salite in prima posizione e le finiva in fondo al gruppo. In questo modo, pur non staccandosi, riusciva a salire con un passo più lento degli altri e, in definitiva, faticando molto meno.

Milano-Sanremo – La concentrazione

I corridori italiani hanno tutti un sogno che si chiama Milano-Sanremo. Sì, perché in questa corsa può succedere davvero di tutto e può capitare anche che a vincere non sia un corridore di grosso calibro. È una gara lunga la Sanremo, ma non è dura. Rispetto ad altre corse dove i possibili vincitori possono essere una ventina, qui ci sono molte più possibilità. Per questo in corsa c'è molto più nervosismo. Tanti corridori se la vogliono giocare e mantenere le posizioni non è facile. C'è paura di cadere e compromettere tutto, e quando senti andare giù qualcuno pensi che almeno questa caduta l'hai scampata.

Alla Milano-Sanremo si può partire forte, ma a ruota si fatica pochissimo. È sul Turchino, la prima salita, che ci si rende conto della reale condizione. Poi si scende verso il mare e si imbocca la Via Aurelia.

Pian piano si avvicinano i capi, le salite finali. I corridori cominciano a cercarsi e ogni squadra fa i conti di chi sta più o meno in forma.

Adesso hanno aggiunto la salita delle Manie, ma quelli che contano davvero sono i capi. Iniziano con il capo Mele e il Cervo, decisamente facili. Sul Berta, poco più avanti, puoi comprendere se è davvero giornata oppure no. Si passa per Imperia e, a quel punto, è una volata fino alla salita della Cipressa. Si va velocissimi su questa salita, in curva bisogna frenare, ma sui tornanti guardi sotto per capire quanti corridori hai dietro. La discesa della Cipressa è molto brutta e si assiste a una vera e propria volata per prenderla in testa.

Poi arriva il Poggio. È proprio sopra Sanremo e spesso si è rivelato decisivo per il risultato finale. Cipressa e Poggio sono i punti più attesi dai corridori. Tutta la corsa è una lunga attesa per questi due momenti. In mezzo al gruppo osservi gli avversari, ti guardi intorno, hai il terrore di cadere e buttare via tutto, ma poi, nel momento decisivo, ti lanci a tutta. In discesa mi capitava di aggredire le curve sfidando continuamente la sorte, quasi cercando la caduta. Ma così sapevo che stavo andando davvero a tutta. Mettevo in conto anche di finire per terra, ma in quel momento ne valeva la pena. La Sanremo è uno degli obiettivi che i corridori si pongono e che li aiuta ad affrontare gli allenamenti più duri.

Per vincerla occorrono buona condizione e concentrazione. Fare attenzione all'evolversi della corsa, capire al volo le tattiche degli avversari può rivelarsi fondamentale per azzeccare la ruota giusta da seguire.

Parigi-Roubaix – La cura della bici e la resistenza

La Parigi-Roubaix è parte integrante del ciclismo. È una corsa storica ma anche una corsa d'altri tempi. Io pensavo di essere portato e alla prima cui ho preso parte, nel 1985, volevo essere pronto al massimo. Per questa corsa ci sono corridori che si fanno fare la bicicletta appositamente, con geometrie più comode e allungate. Alla Roubaix non ci sono salite, le uniche difficoltà sono i tratti di pavé, l'acciottolato che si può trovare anche in alcune nostre città. Ma lì è davvero incredibile. Tra un sasso e l'altro possono esserci centimetri di differenza e il rischio di bucare o cadere è molto elevato. Sotto al nastro manubrio si mettono strati di gommapiuma, si utilizzano anche ruote diverse dal solito e spesso coperture di sezione più larga per assorbire meglio le vibrazioni e ridurre il rischio di forature. Su quelle strade strette, non è detto che ci sia subito il cambio ruote a disposizione.

Sono stati sperimentati anche degli ammortizzatori sulle forcelle e selle speciali. La Roubaix è un banco di prova eccezionale per i materiali e ogni corridore cura personalmente la preparazione della sua bici.

È strana, la Roubaix, in quanto la prima parte è decisamente facile, si fatica pochissimo perché i tratti di pavé arrivano dopo. Ma quando si avvicina il pavé inizia il nervosismo, si cercano le prime posizioni e cominciano le cadute. La fatica diventa sempre più pesante ci sono tratti di pavé dove entri a quaranta all'ora ed esci a trenta. E vicino vedi corridori che sembrano volare, come se loro passassero solo sulla parte liscia delle pietre e tu prendessi tutti gli spigoli. Ballerini era uno che sulle pietre era a suo agio, io no. La mia prima Roubaix è stata anche l'ultima ed è terminata dopo la foresta di Arenberg, un punto che spesso fa da spartiacque nell'andamento della corsa. Le vibrazioni sono così forti che entrano dentro fino al cervello. A un certo punto si spegne la luce e ti trovi da solo e l'unico pensiero diventa cercare un passaggio per arrivare a Roubaix.

Arrivarci in bici è tutta un'altra cosa. Il pubblico sa della fatica, la riconosce, e nel velodromo di Roubaix, dove si fa tradizionalmente l'arrivo, applaude tutti, dal primo all'ultimo. È un'emozione enorme entrare lì dentro. Dopo aver percorso quelle strade difficili arrivi lì. C'è il boato della gente, si alzano tutti in piedi per il vincitore. È davvero impressionante.

Una tappa di montagna del Tour de France – Dosare le forze

Una tappa di montagna di un grande Tour può essere davvero faticosa. In corse del genere sono sempre stato un disastro perché non ho mai digerito le salite lunghe e ripetute.

Nel '93 al Tour, mi sono trovato a partire da Serre Chevalier, in una tappa del genere, con indosso la maglia a pois del leader della classifica della montagna. Alla prima salita, sull'Izoard, sono andato in fuga e il mio direttore sportivo, Ferretti, venne a chiedermi se non fossi impazzito. Quel giorno "ci ho provato", ero ben cosciente che avrei sofferto tanto, ma mi è andata male. A mano a mano che passavano le salite sentivo che mi andavo esaurendo e mi hanno ripreso all'imbocco de La Bonnette, la salita più alta d'Europa. Al traguardo di Isola 2000 arrivai a 30 secondi dal tempo massimo e ho rischiato di essere estromesso dal Tour.

Avrei fatto decisamente meglio a dosare le forze. Così come si deve fare in una granfondo di montagna in cui si devono affrontare parecchie salite dure e magari anche in condizioni atmosferiche incerte. Bisogna partire di riserva, la prima salita è quella che andrebbe fatta più piano di tutte le altre. Se si va troppo forte sulla prima ascesa si rischia di compromettere il resto della prova. I muscoli si riempiono di acido lattico e il recupero sarà impossibile. Inoltre si rischia di arrivare alla fine davvero senza forze, ed è brutto fare l'ultima salita con tutti che ti passano, raggiungendo il traguardo sfiniti. Sarà un giorno che non si ricorderà con piacere.

Per prove come queste è davvero utile usare il cardiofrequenzimetro e partire di riserva per arrivare con ancora energie nel finale. Il rischio, altrimenti, è proprio di doversi fermare senza portare a termine la prova. Al contrario diventa molto piacevole trovarsi ancora freschi nel finale e più forti degli altri.

«Quelli che pedalano»
di Davide Cassani
Oscar varia
Arnoldo Mondadori Editore

Questo volume è stato stampato
presso Mondadori Printing S.p.A.
Stabilimento NSM - Cles (TN)
Stampato in Italia - Printed in Italy